QuizKnock Lab

著=**須貝駿貴**
SHUNKI SUGAI

KADOKAWA

PROLOGUE [はじめに]

　こんにちは。QuizKnockというYouTubeチャンネルに出演しているナイスガイの須貝です！ 本書を手にとっていただき、ありがとうございます。僕は、東京大学大学院の博士課程で物理学を研究しています。研究のかたわら、QuizKnockで科学的な実験の楽しさを伝える活動を行ってきました。本書は、僕がQuizKnockで続けてきた活動をまとめたものになっています。

　いきなりですが、皆さんに質問をしたいと思います。ズバリ、

科学者と聞いて、どんな人をイメージしますか？

　大きなフラスコを持った人、白衣を着た人、奇妙キテレツな人、などなど。いろんなイメージが浮かんだのではないでしょうか。そして、そのイメージのほとんどが、あなた自身とはまったく異なった雰囲気の人たちだったのではないですか？

　本書は、そういう「自分たちとは違う世界」で営まれる「科学」というイメージを壊すために作られています。伝えたいのは、「科学は白衣を着た人たちだけのものじゃない」ということです。目の前で起

こっていることにちょっとした疑問を持つようになったら、誰もが科学の入り口に立っているのです。実験室や高額な装置がなくても、家のテーブルの上でも、キッチンでも、お庭でも、科学をすることができるのです。

　この先のページには、僕たちが実際に実験を行う様子と、そこで起きた現象の解説が収録されています。なるべく皆さんがお家でも再現できるような実験をテーマに選びました。そのなかには、成功したものもありますし、失敗したものもあります。ですが、どの実験も皆さんがそれを通して「科学の楽しさ」を知ることができるものになっています。たとえば、塩と砂糖と卵。これだけあれば、皆さんも自分の部屋で「科学を楽しむ」ことができます。どこにでもあるものからはじめて、この世界を支配している法則に触れる。そんな科学の楽しさを皆さんに提供できると思っています。

　楽しい科学の世界へようこそ！

**QuizKnock
須貝駿貴**

CONTENTS

Prologue 002

「QuizKnock Lab」を理解するための基本用語 008

START
さっそく科学実験を はじめてみよう

01 メントスコーラより噴き出す 組み合わせを探せ！ 015

02 暗闇で光るそばを作ろう！ 023

03 東大生が水早出しをしたら ヤバイスピードが出た！ 031

04 ヤカンを使わずに 水を温めるにはどうする？ 039

05 メビウスの輪を ひねりまくるとどうなる？ 047

06 ナトリウムランプを使って 色当てクイズをやってみよう 055

[目次]

07 海が砂糖水だったら
ものは浮くの？ 063

08 空中浮遊の謎を解け！ 071

09 ロウソクの火が
空を飛ぶ!? 079

10 声のかたちを見てみよう 087

11 風船を石にする魔法を
使ってみた 095

12 雲を作り、
天気を操りたい 103

13 コーラを煮詰めていったら
何が残る？ 111

14 1段ルービックキューブを
解いてみよう 119

15 東大生がはじめての
「元素でお買いもの」 123

SPECIAL
自由研究 &
QuizKnock Lab 的レポート術

01 手回しポンプで
水を汲み上げよう　132

02 果物で電池が作れるってマジ!?　136

03 浮き沈みする
魚の謎を解け！　140

04 須貝思い出の品
……潜望鏡を作ろう　144

QuizKnock Lab 的レポート術　大公開　148

QuizKnock Lab 座談会　154

CONTENTS

COLUMN

#01 ファミレスの氷が絶対にへこんでいるのはなぜ？ 022

#02 須貝駿貴の尊敬する科学者は？ 030

#03 アルコールで菌が死ぬのに人が死なないのはなぜ？ 038

#04 伊沢拓司の尊敬する科学者は？ 046

#05 3D映画はなぜ飛び出して見えるのか？ 054

#06 紅葉はきれいだけれど、
なぜ葉の色は赤や黄色に変わるの？ 062

#07 水に浮くには、どのくらいの体脂肪が必要なのか？ 070

#08 福良拳の尊敬する科学者は？ 078

#09 酸素がなければものは燃えないのに
なぜ太陽は燃えているのか？ 086

#10 こうちゃんの尊敬する科学者は？ 094

#11 山本祥彰の尊敬する科学者は？ 102

#12 QuizKnock が読み解くこれからの科学 ① 110

#13 牛乳や母乳は血から作られているのに
色が赤くないのはなぜ？ 118

#14 QuizKnock が読み解くこれからの科学 ② 129

STAFF

アートディレクション …… 加藤京子（Sidekick）
デザイン …………………… 我妻美幸（Sidekick）
撮影 ……………………… 市瀬真以
DTP、図版 ……………… （株）Office SASAI
イラスト ………………… タダユキヒロ

校正 ……………… 鷗来堂、ヨビノリ（たくみ、やす）
写真協力 ……… （株）アフロ、ピクスタ
編集協力 ……… ヴュー企画、小川裕子
企画編集 ……… 松浦美帆（KADOKAWA）

「QuizKnock Lab」を理解するための

基本用語

本書を理解するうえで大切な「基本の用語」を解説します。実験や解説ページでわからない用語が出てきたら、このページに戻って理解を深めましょう。

光（ひかり）
▶P23ほか

多くの場合は人の目に見える光、すなわち可視光線のことを指す。しかし、光が電磁波としての性質を持つことから、電磁波全体を指して光と呼ぶこともある（「電磁波」の項目を参照）。可視光線は波長およそ700nmの赤から400nmの紫までのグラデーションになっており、いわゆる「虹の七色」の順に並んでいる。可視光線よりも波長が短い電磁波のことを、紫色の外側という意味で紫外線、可視光線よりも波長が長い電磁波のことを赤色の外側という意味で赤外線といったりする。

構造式（こうぞうしき）
▶P27ほか

化学式の一つで、分子の形を元素記号と線で書き表したもの。分子の形を最も簡潔に書き表している。他に、特徴的な働きを持つ部分（官能基という）だけを分けて書く示性式、原子の個数を明らかにして書く分子式、原子の個数の比だけで書く組成式などがある。

基底状態（きていじょうたい）
▶P27ほか

量子力学で表される系（原子や分子などの対象のこと）のいくつかある定常状態（エネルギーが一定に保たれる状態）のうち、最もエネルギーが低く、安定した状態のこと。

励起状態（れいきじょうたい）
▶P27ほか

定常状態のうち、基底状態ではない状態のこと。エネルギーの吸収度合いによって何段階もある。励起状態から光などの形でエネルギーを放出し、より低い励起状態や基底状態に移る。図ではよく高い位置に書かれるが、実際の空間上で高い位置にあるわけではない。

エネルギー
▶P27ほか

物理系（考察の対象）が他の物体を動かす能力を持つとき、これを系のエネルギーという。形態によりさまざまな名称で呼ばれ、位置エネルギー、運動エネルギー、熱エネルギーなどがある。これらのエネルギーの形態が変わっても、その総量は変化しないことを「エネルギー保存則」という。

重力（じゅうりょく）
▶P31ほか

地球や太陽などの天体が物を引きつける力。「万有引力」という言葉とあまり使い分けないことも多いが、厳密には、地球の万有引力から自転による遠心力を差し引いたものを重力と呼ぶ場合が多い。力学の計算問題などにおいては、地表付近における重力加速度に物体の質量を掛けた値として扱うことが多い。

008

☐ 圧力（あつりょく） ▶P20ほか

面積あたりに働く力のこと。働いている力を働いている面積で割って求められる。単位はPa（パスカル）、または、N/㎡（ニュートン毎平方メートル）。同じ力をかけるなら、鋭くとがった部分にかけるほうが大きな圧力がかかり、広い面積のときには圧力は小さくなる。大気圧とは、地表面1㎡に対して、それより上方にある空気にかかる重力（すなわち空気の重さ）を計算した圧力のことである。

☐ 電気（でんき） ▶P42ほか

放電や電流などの現象のこと。電気を帯びていることを「電荷」を持つという。電荷の最小単位は電子が持つ電気素量と呼ばれる量で、$1.602176634 \times 10^{-19}$ C（クーロン）と定義されている。

☐ 幾何学（きかがく） ▶P47ほか

数学のうち図形を扱う分野。本書ではメビウスの輪の項で位相幾何学（トポロジー）に触れた。位相幾何学は「マグカップとドーナツは穴が1つなので同じ分類とする」などのように、長さ大きさなどの量的関係を無視し、対象のつながり方（位相性質）のみに着目して研究する分野である。

☐ 炎色反応（えんしょくはんのう） ▶P55ほか

ナトリウムや銅などの金属元素の化合物を炎の中に入れると鮮やかな色を呈する現象。「リアカーなきK村馬力で勝とうと努力するもくれない（Li 赤 Na黄 K紫 Ba緑 Ca橙 Cu緑 Sr紅）」というゴロ合わせが有名。

☐ 電磁波（でんじは） ▶P59ほか

電場と磁場が互いに垂直な方向に振動しながら空間や物質中を伝わっていく現象のこと。波のような性質を持っているためにこのように呼ばれている。波長の長さによって呼び方が異なっていて、ガンマ線、X線、紫外線、可視光線、赤外線など、私たちが日常生活で耳にするさまざまなものが実はこの電磁波である。電子レンジは、マイクロ波と呼ばれる電磁波によって水分子を振動させて温度を上げることができる。

☐ 電子（でんし） ▶P60ほか

電子とは、すべての物質に含まれる安定した素粒子である。原子番号がnの原子は、原子核とn個の電子によって形成されている。この電子の働きによって、分子がどのように結合するか、金属がどんな性質（電気を通したり、磁石にくっついたり等）を持つかが決まる。原子核は原子全体の大きさの10万分の1しかないので、原子核を覆うように広がっている電子が原子の体積のほとんどを占めている。

☐ 陽子（ようし） ▶P75ほか

陽子とは、原子核を形作っている要素である。「電子」の項で説明したように、原子は原子核と電子からなっている。原子核はふつう陽子と中性子が組み合わさったものである。原子の中で陽子が占める体積はさほど大きくないが、1つあたりの質量は電子の約1800倍である。電子がマイナスの電荷を帯びているのに対して、陽子はプラスの電荷を帯びている。

☐ 電流
でんりゅう
▶P71ほか

電荷の移動のこと。正電荷の動く向きが電流と名付けられた。しかしのちに、多くの場合、電流の正体は負の電荷をもった電子の移動であるとわかった。そのため、実際に電子が働いている向きと、電子が流れる向きは逆向きになるように定義されることになる。

☐ 中性子
ちゅうせいし
▶P75ほか

中性子は、陽子とともに原子の原子核を形作っている粒子である（「電子」・「陽子」の項目を参照）。陽子とほぼ同じ質量、つまり電子の約1800倍の質量を持っている。陽子や電子との大きな違いは、中性子が電荷を持たない点にある。電荷を持たないがゆえに原子の核の中に入りやすく、核反応を引き起こしやすいという特徴を持つ。そのため、原子核の研究において重要な役割を担っている。

☐ 陽イオン
よう
▶P75ほか

原子が電子を失って正の電荷を持った状態。多くの金属元素は陽イオンになる。一方で原子が電子を得て負の電荷を持った状態のことを陰イオンという。

☐ 磁場
じば
▶P77ほか

磁力の作用する空間。磁石または電流によって生じる。磁力を受けることのできるもの（磁石）を置くとその点の磁場の向きに応じて動く。電場や重力場のように対応するものに力を及ぼす空間は場と呼ばれる。

☐ 気体
きたい
▶P79ほか

固体、液体と同じく、物質の示す状態の一つ。固体や液体と大きく異なるのは、一定の体積を持たずに、常にみずから広がろうとする性質を持つことである。このような性質を持つために、気体の体積はそれが入った容器の体積と一致することになる。また、気体は固体や液体と比べて簡単に圧縮することができる。このとき、気体の体積と圧力は温度を一定に保つと互いに反比例する、というのがボイルの法則である。

☐ 液体
えきたい
▶P15ほか

気体、固体と同じく、物質の示す状態の一つ。固体と同じように一定の体積を保つ一方で、気体と同じように一定のかたちを持たないため、液体のかたちはそれが入った容器に沿ったかたちになる。気体にも固体にも似た性質を持った液体は、この二つの中間的な状態で、高温・低圧にすれば蒸発して気体となり、低温・高圧にすれば凝固して固体になる。液体に特異な現象として、表面張力や毛細管現象が挙げられる。

「QuizKnock Lab」を理解するための**基本用語**

▶P31ほか

自然科学の一分野。運動、熱、光、電磁波、音などの諸現象をはじめ、素粒子、核、宇宙線、量子エレクトロニクスなどを対象とする。生物学や化学を含まないのが主流だが、最近では量的な把握を行い、数学を応用して表すという考察、研究の手法自体を物理学と呼び、その応用範囲は物体の運動だけに留まらず、最近では生物物理学や経済物理学などの分野を発展してきている。

波（なみ）

▶P88ほか

1つの場所に起こった変化が次々にほかの場所に伝わっていく現象のこと。海を伝わる波の場合には海水、といったように、波を伝えるものを媒質という。波にはその伝わり方によって横波と縦波の区別がある。横波とは、波の進行方向に対して媒質の変化が垂直に生じるもので、電磁波などがこれにあたる。縦波は媒質の変動が波の伝わる方向と一致するもので、疎密波とも呼ばれる。空気は横波を伝えることができないので、音波は縦波になる。

▶P124ほか

元素周期表とは、さまざまな元素がどんな特徴を持っているのか、わかりやすくまとめた表のこと。元素を周期表のように整理するアイデアはもともと、ロシアの化学者メンデレーエフによるものである。もっとも有名な並べ方以外のバリエーションも存在している。現在の元素周期表は原子番号順に元素を並べており、横のならびを周期、縦のならびを族という。同じ族に分類されている元素は、性質がよく似ている。

011

▶P137ほか

電圧とは、2つの点のあいだの電位差である。2つの場所のあいだに電気を流そうとする圧力のようなもの。水の流れにたとえて説明するなら、高いところと低いところの水の落差のようなものと考えられる。高いところから低いところへ、そして落差が大きければ大きいほど勢いよく、水（電流）が流れる。私たちが生活のなかで利用するコンセントから流れる電流の電圧はふつう100ボルトに設定されている。

▶P127ほか

Light-Emitting Diodeの略。日本語にすると「発光ダイオード」。ダイオードというのは、一方向にのみ電流が流れる性質を持った、半導体素子のこと。低電力で高輝度が得られるのが特徴。これによって、発熱などにエネルギーを浪費することなく効率的に発光させられるので、省エネ技術として注目されている。

▶P152ほか

電気回路において、乾電池などの電源や抵抗同士のつなぎ方には二つの種類がある。一つは、正の電極と負の電極を交互につなぐことで一列になるように回路を作る「直列つなぎ」。もうひとつは、正の電極同士、また負の電極同士をつなぎあわせることで、2つの列になるように回路を作る「並列つなぎ」である。つなぎ方によって電気回路が示す性質は大きく異なるため、目的に合わせて使い分けられる。

QuizKnock Lab ［メンバー紹介］

2016年10月、東京大学クイズ研究会の有志で立ち上げたWEBメディア「QuizKnock」。2017年からはYouTubeチャンネルでも活動を開始し登録者数も急上昇中。そんなQuizKnockから発足した「QuizKnock Lab」は科学をより身近に楽しくをモットーに動画を配信しています。ここでは、本書に協力してくれたメンバーをご紹介します。

SYUNKI SUGAI
須貝駿貴

@ Sugai_Shunki

ライター。東京大学教養学部卒、東京大学大学院総合文化研究科在籍。専門は物性理論（超伝導）。「ナイスガイの須貝」として動画で出演。「QuizKnock Lab」のリーダーとして、科学実験動画の企画・プロデュースに携わっている。

TAKUSHI IZAWA
伊沢拓司

@ tax_i_

QuizKnock編集長。東京大学経済学部卒。株式会社QuizKnockのCEO。『全国高等学校クイズ選手権』では個人初の2連覇を達成。テレビ番組『東大王』などに出演中。

KEN FUKURA
福良拳

@ fukura_p

動画プロデューサーとして、企画・編集を担当。通称ふくらP。専門は数学と情報。クイズ作家としてテレビ番組『頭脳王』『99人の壁』などに携わっている。

KO-CHAN
こうちゃん

@ Miracle_Fusion

ライター。群馬県の館林市出身。東京大学法学部在籍。東京大学クイズ研究会・学生団体FairWindに所属。歴史から数学まで幅広く記事を執筆している。

YOSHIAKI YAMAMOTO
山本祥彰

@ quiz_yamamoto

ライター。早稲田大学先進理工学部在籍。テレビ番組『全国高等学校クイズ選手権』『99人の壁』などの作問に携わる。知識と知識をつなげる楽しさを伝える記事執筆を心がけている。

KOJIMA
コジマ

ライター。京都大学大学院情報学研究科2回生。科学実験記事『ライターコジマのホンマかいな!? 科捜研』を担当。身近な科学の疑問を検証し解き明かすをモットーに記事配信を行っている。

YOSUKE SUZUKI
Suzuki Yosuke

ライター。東大クイズ研究会所属。クイズや日常で得た知識をわかりやすい記事で配信する。

SECHI
セチ

ライター。都内の医学部生。QuizKnockで執筆している代表的な記事に「鼻血を出し続けて死ぬことはある？」などがある。

K. MIMORI
K. Mimori

ライター。慶應医学部卒。知っておくべき知識から意外な雑学まで、さまざまなジャンルの記事を配信する。

YMORI
ymori

ライター。東大OB。専門は、量子力学に基づいたシミュレーション。

START
さっそく科学実験をはじめてみよう

「QuizKnock Lab」でQuizKnockメンバーが実際に行った科学実験に皆さんも挑戦してみましょう。新たな発見や科学知識が得られるはずです。家族や友達と一緒に行って、実験結果を検証し合うのもよいでしょう。各実験の冒頭には、実験と関連するクイズがあるので、まずはそちらに挑戦してみてください！

HOW TO USE THIS BOOK
本書の使い方

実験の導入クイズを解いたら、QuizKnockメンバーと一緒に科学実験に挑戦してみましょう。実験結果を考察し、科学現象にまつわる解説、雑学を読んで科学の知識や教養を膨らませましょう。

解説
実験のなかで起きている現象をわかりやすく解説しています。学生から社会人まで、科学の知識や教養、雑学を幅広く習得できます。

さらに知りたい人向けのコラム
「さらなる実験」「もっと知りたい」などのコラムで、科学現象をさらに楽しみ、深めるための知識を散りばめています。

実験工程
科学実験の工程を写真とともにわかりやすく紹介。実験手順や注意事項を記載していますので、しっかり読んでおきましょう。

SUMMARY(まとめ)
科学実験結果の検証を丁寧に行っています。「解説」同様、科学の知識や教養、雑学を盛り込んでいますので、知識がどんどん膨らみます。

[科学実験を行う際の注意点]

本書に掲載している科学実験をご家庭や学校で行う際、**各ページに記載している注意事項をよく読んで行い、指示にしたがってください。**また、実験結果は、実験環境によって結果が異なることを予めご了承ください。いかなる事故やクレームに対しても弊社、著者、関係者は一切責任を負いません。

実験を行う際は、ケガや事故が起きないよう細心の注意を払いましょう!

メントスコーラより噴き出す組み合わせを探せ！

学べること ── 液体中の分子の動き

コーラにメントス®を入れると、シュワッと泡が吹き出す「メントスガイザー現象」。コーラとメントスの組み合わせが最も有名ですが、ほかのものを使っても同じ現象を引き起こすことができそうです。さらなる噴き出しを見せてくれるコンビを探してみましょう。

次のうち、コーラに入れたときの噴き出し方が最も激しいアイテムはどれ？

これかな？

[木炭]　[軽石（かるいし）]　[素焼き板]

孔（あな）がたくさん空いている軽石があやしい……

Keyword メントスガイザー現象

炭酸入り飲料にメントスを入れると間欠泉のように噴き出す現象のこと。"geyser"は英語でずばり間欠泉という意味。なかでも人工甘味料を使ったゼロコーラの威力が高いことが知られています。今回はゼロコーラで実験しました。

[木炭] [軽石] [素焼き板]

正解は「素焼き板」でした。

素焼き板の圧勝でした！

　木炭でもコーラは噴き出しましたが、素焼き板ほどの勢いはありませんでした。一方、軽石はその軽さゆえに浮いてしまい、炭酸ガスが発生したのは表面だけでした。コーラがよく噴き出した素焼き板とメントス。2つにどういった特徴が共通しているのか、考えてみましょう。

いざ実験！　とその前に、コーラが激しく噴き出すので濡れてもいい場所で実験しましょう。ほかのメーカーのコーラや、コーラ以外の炭酸飲料で試してみるのも面白いかも？

[用意するもの]

コーラ（ゼロコーラがおすすめ）　　メントス　　木炭　　軽石　　素焼き板

実験スタート

コーラの栓を開け、すぐにメントスを入れます。すぐに入れないと炭酸が抜けてしまうので注意。残ったコーラの量を比較して、どれが一番噴き出したかを比較してみましょう。

1 メントス×コーラ

考察には比較材料が必要です。というわけで、まずはメントスを投入。メントスよ、お前の実力を見せてみるがいい！

in

噴き出すことはわかっていたのに、その勢いのよさにふつうにテンションが上がってしまいました。やはりメントスが最強なのか……？

2 木炭×コーラ

木を燃やして作る木炭は、樹木の養分の通り道がそのまま孔として残っています。この孔が勝利のカギとなる！ ……かもしれない。

in

……あれ？　めっちゃ弱くない？ がっかりやん。と思っていたら時間差でキタ―――！ 噴き出す勢いもかなり長く続きました。

01

017

メントスコーラより噴き出す組み合わせを探せ！

❸ 軽石 × コーラ

孔が多すぎて、軽いことからその名がついた軽石。孔が空いていた木炭で噴き出したということは、軽石でもきっと噴き出すはず。

投入してすぐに噴き出したのでこのまま勢いよくいくかと思いきや、いきませんでした。よく見ると沈まずに浮いちゃってる。これが敗因か？

❹ 素焼き板 × コーラ

素焼き板は理科の実験でおなじみの沸騰石と同じ素材。沸騰石には泡を出しやすくする効果があるので、素焼き板が勝利するはず！

勢いのよさはメントスとほぼ互角！　噴き出した量を比べると、メントスには及ばないものの、木炭、軽石には圧勝でした。

[解説] STUDIES 01

コーラはなぜ噴き出すのか?

炭酸の表面で「衝撃」が起こると気泡が噴き出す

炭酸ガス（二酸化炭素、CO_2）が溶けた水が炭酸水です。水中のCO_2は、そのほとんどがCO_2分子のまま水分子のすき間に入り込んでいます。**炭酸水に物理的な衝撃を与えると、溶けていたCO_2分子同士がくっつき合い、気泡となって出てきます。** コップに入った炭酸水を観察すると、気泡はコップの壁や底から出ていることがわかると思います。これはCO_2分子がコップにぶつかった「衝撃」で気泡となっているのですね。

炭酸水にメントスのような固体を入れると、衝撃がその固体表面で発生します。これにより、大量の気泡が一気に放出され、噴き出すというわけです。

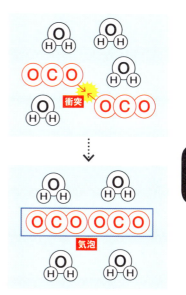

メントス×コーラだと激しく噴き出すワケ

表面に孔があると、水と触れ合う面積が大きくなるよ

実は、メントスガイザー現象のメカニズムは完全に解明されているわけではありません。ここではよく知られている説明をご紹介します。泡が噴き出す要因の一つに、メントスの形状が挙げられます。メントスの表面には細かい孔が空いています。この孔があることでメントスは非常に大きい表面積を持つことになります。**表面積が大きい分、気泡が発生するきっかけが増えて、泡が出やすくなると考えられます。**

コーラとフレーバーのない炭酸水を比べると、コーラのほうが噴き出し方が激しいので、コーラの成分も勢いよく噴き出す原因になっているという仮説を立てることもできます。ただ、コーラの成分が泡の発生メカニズムに与える影響についてはまだよくわかっていません。有力な説として、液体の表面張力の違いが挙げられることが多いですね。

実験の結果を考察する

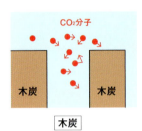

木炭
孔が大きすぎてぶつかりづらい。

軽石
水に浮いているため、ぶつかる場所が少ない。実は木炭も少し浮いていた。

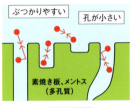

素焼き板
孔が小さい多孔質。しかも沈むのでうってつけ。

　実験結果からわかるのは、**「コーラに何を入れるかによって噴き出す量が変わる」**ということです。そんなの当たり前じゃん！　と思うかもしれませんが、明らかになったことを地道に、丁寧に確認していく作業が考察の質を高めます。
　次に考えるべきは**「入れた物質の特徴と噴き出す量の関係」**です。私たちが注目したのは、**物質がコーラと触れ合う「面積」**と、その表面の特徴でした。メントスも素焼き板も表面がザラザラした「多孔質」でしたね。ここから、多孔質という特徴が、噴き出す量をコントロールしているという仮説を立てることができます。

SUMMARY
[まとめ]

物質の無数の孔が気泡の生成に貢献

　メントスガイザー現象でコーラが高く噴き出すためには、一度にたくさんの気泡を発生させ、ボトル内の圧力を高める必要があります。今回の実験で、メントスに一番近い効果を得られたのは素焼き板でした。
　この結果から、**大量の気泡を発生させるには「目の細かい多孔質」が重要である**という仮説を立てることができます。木炭や軽石はメントスや素焼き板に比べると孔が大きすぎること、また軽すぎてコーラの表面に浮いてしまうことから、一度に多量の気泡を発生させることはできませんでしたが、それでも長く泡を噴き出させていました。なので、孔のサイズや物体の沈み具合でメントスガイザー現象を調節できるかもしれない、と考察できますね。

仮説を立てたら、実験して検証してみよう

[解説] STUDIES 01
さらに実験をするなら……

　今回の実験を踏まえて、さらにメントスガイザー現象の原理を深掘りしてみましょう。たとえば、次のような条件での実験が考えられます。

コーラの成分が与える効果を検証する

　ほかの炭酸水やジュースでもメントスガイザー現象は起こりますが、コーラほどではありません。コーラの中身が重要なのかもしれません。**カラメル色素が影響しているのでしょうか？　それとも砂糖の量？　あるいはもっと別の成分？**　ラベルをよく見ていろいろ試してみると、メントスガイザー現象に重要な要素がわかるかもしれません。

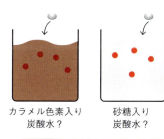

カラメル色素入り炭酸水？　　砂糖入り炭酸水？

どっちが激しく噴き出す？

メントスの成分が与える効果を検証する

　コーラに放り込むものは、多孔質であればなんでもいいのでしょうか？　メントス×コーラの組み合わせだけがよく知られている理由は、メントスそのものにもありそうですよね。そこでメントスの成分にも着目してみましょう。**メントスの成分を、噴き出す量が多かった素焼き板に塗ってみるとどうなるのでしょうか？**

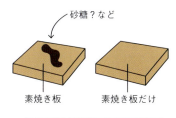

砂糖？など

素焼き板　　　素焼き板だけ

どっちが激しく噴き出す？

メントスの表面の形状が与える効果を検証する

　目の細かな多孔質といいましたが、本当に細かければ細かいほどいいのでしょうか？　孔が少ない紙粘土などを用意して、表面をいろいろな種類の紙やすりでこすり、それを投入すると……？

　なお、紙やすりは番号が大きいほうが目が細かいです。メントスガイザー現象に適したザラザラ加減はあるのでしょうか？

粗い紙やすり #50　　細かい紙やすり #200

（紙やすりの番号が大きいほうが細かい）

紙粘土など

孔の大きさで違いはある？

ファミレスの氷が絶対にへこんでいるのはなぜ？

1 氷を「溶けやすく」するため

2 氷を「溶けにくく」するため

3 飲み物を「冷えやすく」するため

正解は **2** でした

どうしてくぼみがあると溶けにくいのでしょう。その答えは、氷の作り方にあります。氷はもちろん水からできていますが、家の冷蔵庫でやるようにためた水をゆっくり凍らせる方法だと、**細かい気泡やチリなどの不純物**が氷の中に入ってしまいます。そうしてできた氷は**透明度が低くて溶けやすい**ため、飲み物がすぐに薄まってしまうんですね。それに対して、ファミレスなどで使われている業務用の製氷機では**「セル方式」**という特別なやり方で**不純物の少ない氷**を作っています。そうすると、**透明度が高くて溶けにくい**、いい氷がお店で出せるようになるわけです。

さて、くぼみの話でした。この「セル方式」は氷の型の中に下から水を噴き上げながら凍らせていく方式です。この方法では、水の吹き出し口の近くは凍らないので、完成した氷は穴が開いたようなかたちになるのです。これが、くぼみのある氷の正体です。

氷の型に水を噴射する

外側から徐々に凍る

02 暗闇で光るそばを作ろう!

（学べること）──**蛍光の仕組み**

　以前にインターネットプロバイダのCMで、「引越ししたら光るそば～♪」というのが流れているのを見たことがあるでしょうか？
　実はQuizKnockも春に引越しをしました！ ……ということは、やはり作りたいですよね、光る引越しそば。

ブラックライトで照らすと光る飲み物はどれ？

どれもなんとなく光りそうな……

［炭酸飲料］　　［スポーツドリンク］　　［栄養ドリンク］

Keyword　蛍光

　蛍光塗料をブラックライト（紫外線を出す電灯）で照らしてみると妖しく光り輝きます。遊園地の再入場スタンプもブラックライトを当てたときだけ光るインクになっていますね。「食べ物を光らせるためには蛍光しかない！」と思いたった僕たちは、食べても安全な蛍光物質を探しました。余談ですが、ホタルの光は蛍光現象ではありません。

A

正解は「**栄養ドリンク**」でした。

正解は栄養ドリンクでした。ブラックライトを当てるとまさに「蛍光イエロー」に！ ここで起こっている現象は「蛍光」と呼ばれます。この現象のメカニズムを応用すれば、そば屋さんもびっくりの「光るそば」が作れるはず。さあ、光るそばを作ってみましょう！

そば生地に栄養ドリンクを練り込むのがこの実験のポイント。栄養ドリンクの代わりにトニックウォーターを使ってもOKです。光るかどうかはもちろん、味も気になる〜！

[**用意するもの**]

そば粉 / 強力粉 / 栄養ドリンクorトニックウォーター / フライパン / 計量カップ

包丁 / 麺棒 / ボウル / ブラックライト

> 実験スタート

栄養ドリンク入りのそばを打ったら、栄養ドリンク入りの熱湯でゆでていきます。熱湯と火の扱いにはくれぐれも気をつけてくださいね。

1 そば粉に栄養ドリンクを入れて混ぜる

ボウルにそば粉と強力粉を入れて全体をよく混ぜます。続いて、栄養ドリンクを少しずつ加えながら全体をさらに混ぜ合わせます。

【材料】
そば粉……80g
強力粉……20g
栄養ドリンクまたは
トニックウォーター……45㎖

生地を強く練り、1つにまとまってきたら強力粉（分量外）をふりかけたまな板の上に置いて麺棒で伸ばし、端から包丁で切ります。

2 栄養ドリンク＋水でそばをゆでる

フライパンなどに水（適量）を入れて火にかけます。沸騰したら栄養ドリンクまたはトニックウォーターを適量入れて、そばを投入！

1～2分ゆでたら完成！　え？　おいしくなさそうだからふつうのそばがいい？　それなら水を使ってふつうのそばを作りましょう。

3 ブラックライトを当ててみる

ゆで上がったそばがこちら！ 果たしてこれは光るのか!? ブラックライトを当ててみると……。あれ？ もしや失敗？

> あれれ……
> 光らない

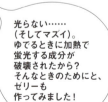

> 光らない……
> （そしてマズイ）。
> ゆでるときに加熱で
> 蛍光する成分が
> 破壊されたから？
> そんなときのためにと、
> ゼリーも
> 作ってみました！

まったく光らないうえに、微妙な味のそばができてしまいました。残念！ ※この後スタッフがおいしくなく（？）いただきました。

4 栄養ドリンクでゼリーを作ってみると……

栄養ドリンクとトニックウォーターをそれぞれ鍋に入れ、ゼラチンを加えて加熱。その後、固めてみました。その結果がこちら！

《栄養ドリンクゼリー》

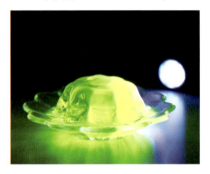

《トニックウォーターゼリー》

ゼラチンは加熱後も光っているので、そばが光らなかった原因は加熱以外のところにありそうですね。

> まるで異世界の
> 食べ物のよう

[解説] STUDIES 02

どうしてブラックライトを当てると光るのか？

蛍光で光る

　蛍光とは、ある物体が紫外線（光）を吸収し、吸収した光とは異なる色の可視光線を発する現象のことです。この働きを担う物質を蛍光物質と呼びます。**色が変わるのは、吸収⇒発光の過程で振動、回転などによりエネルギーが消費されるから**。光は色によってエネルギーの大きさが違い、紫＞藍＞青＞緑＞黄＞橙＞赤となります。吸収した光のエネルギーの一部が発光以外の目的で使われて減少するために、吸収した光の色と発光する光の色が異なるのです。

　ブラックライトは物質の内部に含まれる蛍光物質だけを発光させることができます。栄養ドリンクに多く含まれる「ビタミンB_2」と、トニックウォーターの苦味成分でもある「キニーネ」はどちらも蛍光物質。だから、ゼラチンで固めたゼリーにブラックライトを当てると光ったのです。

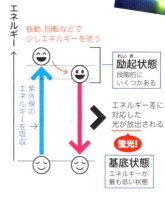

キニーネはなぜ青く光る？

　トニックウォーターに含まれるキニーネは蛍光物質です。キニーネは左図のような構造式を持っています。原子が輪のように結合した構造を**環状構造**といい、蛍光を持つ物質の多くが、その特徴として連結した環状構造を備えています。

　キニーネは構造上、環状部分が回転しにくく、紫外線の吸収⇒発光の過程でのエネルギーの損失が少なくなっています。ビタミンB_2は黄色く光るのに、キニーネの場合は青く光るのは、ビタミンB_2よりキニーネのほうが、**紫外線の吸収⇒発光の過程でのエネルギーの損失が少なかった**ということを意味しているのです。

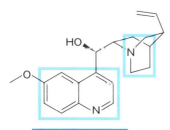

このあたりが光を吸収しやすい

[解説] STUDIES 02 | どうしてブラックライトを当てると光るのか？

ビタミンB₂はなぜ黄色く光る？

右図はビタミンB₂の構造式です。前ページのキニーネと同じように、環状構造が連結しているのがわかります。ただ、**ビタミンB₂はキニーネよりも環状でない部分の割合が大きく、紫外線を吸収した際に自由に回転しやすい構造になっています。**その分、消費エネルギーも大きくなります。したがって、**ビタミンB₂にブラックライトを当てると、キニーネのような青でなく、よりエネルギーが低い黄色の光を発するのです。**

余談ですが、ビタミンB₂は皮膚や粘膜の健康維持に欠かせない栄養素です。レバー、うなぎ、牛乳に多く含まれるほか、栄養機能食品に配合されていることもあります。

光を吸収しやすい!!

わりと自由に回れる

キニーネよりもエネルギーを消費しやすい構造。よりエネルギーの低い黄色に！

(SUMMARY)
[まとめ]

光るそば作りは失敗 でも光る食べ物は作れた！

蛍光とは、紫外線が蛍光物質に吸収された後でエネルギーを少し消費して、紫外線よりエネルギーの低い、つまりは違う色の可視光となって放出される現象のことでした。**蛍光現象を観察するためには、蛍光物質がよく紫外線（今回の実験ではブラックライト）に当たり、また、それらが出す光がしっかりと見える必要があります。**

そばが光らなかったのは、そば粉が黒く不透明なために光が遮られてしまったからだと推測することができます。他方で、ゼリーのように透明度を保ったまま作れる食べ物ならば、紫外線も蛍光として出てくる光も遮られません。ゆえに、光るゼリーを完成させることができました。**そばはだめだったけれどゼリーは光った**から、実験は成功したということで……だめですかね？

そば粉が透明なら実験は成功したはず……

> さらに……身近で光るものを探してみよう！

ブラックライトを使って、身のまわりのものを照らしてみましょう。
ここではQuizKnockの事務所にあるもののなかで光ったものを紹介します。

《蛍光ペン》

蛍光ペンのインクには蛍光物質が含まれています。ブラックライトを当てると、このとおり！ インクの色によって違いはあるかな？

《ビタミンの入ったアメ》

パッケージの成分表に「ビタミンB₂」と書かれたアメもブラックライトを当てると光ります。ほかのビタミンを調べてみると面白いかも？

クルミやアーモンドも光ります！

《柿の種のピーナッツ》

柿の種にブラックライトを当てるとピーナッツだけ光ります。これはピーナッツに自然由来の蛍光物質が含まれているからです。

《ポイントカード》

ブラックライトを当てると、ポイントカードの裏面にも蛍光物質が使われていることがわかります。クレジットカードだとどうなるかな？

《バナナ》

バナナは熟していくにつれて含まれる蛍光物質が増えるそう。黒い斑点（シュガースポット）は黒く、ほかの部分は発光しています。

COLUMN #02

須貝駿貴の尊敬する科学者は？

ドイツの天文学者ケプラーです！

ヨハネス・ケプラー

Johannes Kepler
(1571〜1630)

ドイツの天文学者。1600年にティコ・ブラーエの助手となる。ブラーエの死後はその観測記録を継ぎ、火星の公転軌道を決定した。ケプラーの研究は、のちの地動説の確立にも大いに貢献した。

ケプラーのここが好き！

　尊敬する科学者はけっこういるんですけど、1人挙げるならケプラーです。ケプラーの師であるティコ・ブラーエは、天体を観測して膨大な記録をとっていました。ブラーエの死後、ケプラーは師の記録を解析し、惑星の動きに法則を見つけようと試みます。当時、惑星の軌道は「円」だとする説が主流でした。ところが、ケプラーはこれに納得できず、なんと180回以上も計算をやり直して、「惑星は円軌道ではなく、楕円軌道を描いている」という結論にたどり着くんです。もちろんパソコンなんかありません。そんな時代に180回以上も計算するのは、執念としかいいようがないですよね。
　ケプラーにはきっと、「惑星の軌道が円だというのはおかしい。軌道をもっとうまく説明できる法則が必ずある」という確信のようなものがあって、だからこそ、途中で投げ出すことなく計算し続けられたのでしょう。そういうところ、僕にもあります。だから、尊敬しているのはもちろんのこと、ちょっと共感を覚えちゃうんですよね。

03 東大生が水早出しをしたらヤバイスピードが出た！

学べること ─── 圧力（大気圧、空気圧、水圧）

ペットボトルを洗うとき、水を注いで、ゆすいで、水を出して……。ペットボトルから水を出すのには思ったよりも時間がかかりますよね。でも、どうして時間がかかるのでしょうか？ ペットボトルから水が出るときの現象を物理学の視点から理解していきましょう。

ペットボトルに入った水を早く出すにはどうする？

答えは1つではありません。自分なりの解答を考えてみてください

Keyword 大気圧

空気にも重さがあります。だから、空気がたくさんあるところでは、空気の重さがほかのものに影響を及ぼすことがあります。その代表例が大気圧。地球の表面を覆っている空気が重力を受けて、私たちが暮らしている地球の表面に圧力をかけているのです。

- ペットボトルを回しながら水を出す
- 底に穴を開ける
- 口からストローで息を吹き込む……etc.

正解は「ペットボトルを思い切りつぶす」でした。

「ペットボトルを思い切りつぶす」。これも立派な正解です。ただ、ペットボトルの元のかたちを残しておきたい場合もあるでしょう。そんなときは、「ペットボトルを回しながら水を出す」「底に穴を開ける」「口からストローで息を吹き込む」などの方法も考えられます。

上記の方法で本当に水を早く出すことができるのか？ 実際にやってみましょう！ なお、大きいペットボトルのほうが水を出すのに時間がかかるため、今回の実験に向いています。

[用意するもの]

ペットボトル

ストロー

錐(きり)

ストップウォッチ

湯おけなど水を受けるもの

錐を使うときはケガをしないように気をつけて

> 実験スタート

ペットボトルに水を入れて1〜4の方法で水を出し、タイムを計測します。水が入ったペットボトルを逆さにしただけの場合のタイムも事前に計測しておくといいですね。

[実験] 1 ペットボトルを回して出す

ペットボトルをひっくり返し、渦を描くように回すぞ。中に渦巻きができたら勢いよく流れるはずだから、これが一番早いはず！

Time **14.14** 秒

[実験] 2 穴を開けて出す

水を出す前に、ペットボトルの底に錐で穴を開けておきましょう。穴は1か所でOK。さあ、これでボトルをひっくり返すと……？

底に穴を開けて

Time **8.64** 秒

03

東大生が水早出しをしたらヤバイスピードが出た！

[実験]3 ペットボトルをつぶして出す

両手でペットボトルを思い切りつぶして、その圧力で水を押し出す作戦です。なんだかんだいって、結局これが最速でしょ？

用意！

Time **3.78**秒

[実験]4 ストローに息を吹き込んで出す

あらかじめペットボトルの口にストローを挿しておき、ボトルを逆さにするのと同時に息を吹き込んでみましょう。吸っちゃだめ！

ナイスガイ須貝、肺活量には自信があります

Time **3.47**秒

[解説] STUDIES 03

水を出すときに
ペットボトルで
何が起きているのか？

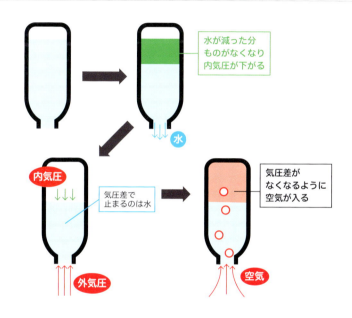

水と入れ替わりで空気が入ってくる

　ペットボトルの内部、水が入っていない空間には空気が入っています。ペットボトルをひっくり返すと、出た水の分だけ空間が広がり、ボトル内部の空気圧（内気圧）が低くなります。しかし、ペットボトル外部にも空気はありますから、**内部の空気圧と外部の大気圧（外気圧）とが押し合うかたちになり、水の排出が妨げられます**。このとき、外気圧＞内気圧となっています。
　外と中の気圧に差が生じると、その差をなくすように外から空気が入ってきます。ペットボトルを単にひっくり返す場合、空気はボトルの口の部分から入るしかありません。**口から入ってこようとする空気が、出ようとする水の邪魔になるため、水の排出に時間がかかるのです**。

実験の結果を考察する

ボトルを回す方法が うまくいく理由

実験1でペットボトルを回すと遠心力で水がボトルの壁側に集まり、渦ができました。渦の中は空洞です。つまり、空気が入るスペースができたのです。これにより、**外部と内部とで気圧の差が生じることなく、水がスムーズに排出されるのです**。ただ、大気圧の影響を受けなくなる一方で、水が回っているために出にくくなるという弱点があります。

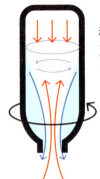

渦の中心に穴が空いている。そこから空気が入ってくるために気圧差が生まれない。弱点は水が回っていることにより出にくくなっていること。

上から空気が入ってくる。気圧差が生じない。回したときと原理は同じ！

ボトルの底に穴を開ける方法が うまくいく理由

実験2は、ボトルの底に穴を開けることで、外部から内部への空気の道を作るのが狙いでした。空気が底から直接供給されるので、気圧差が生じません。気圧差がなくなったという点では実験1と同じですね。**実験1よりも排出スピードが速いのは、水が回っていない分、水が出やすいからです**。

ボトルの口からストローで 空気を吹き込む方法が うまくいく理由

実験4では、ストローで息を吹き込みました。ここまでお読みの皆さんなら説明しなくてもわかるかもしれませんが、実験1、2がボトル内の気圧を一定に保ったまま空気を取り入れているのに対し、実験4は強制的に空気を吹き入れています。**息を吹き込むことでボトル内部の空気圧を急激に高め、水を早く押し出すことに成功したというわけです**（肺活量によって結果はかなり違ってきます）。

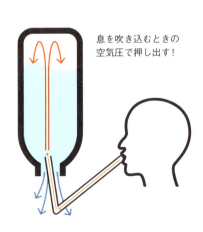

息を吹き込むときの空気圧で押し出す！

SUMMARY
[まとめ]

カギを握るのは大気圧
空気圧で大気圧に押し勝つ！

大気圧を制する者が水早出しを制す！

　ペットボトルから水が出るのを妨げているのは、水を押し戻す大気圧です。そこで大気圧の影響をなくす方法を考えました。左ページの考察では省きましたが、実験3は、ペットボトルを押しつぶすことで、大気圧より強い圧力をボトル内にかけて水を強制的に押し出すというものです。成功はしましたが、ボトルが硬い素材で作られている場合にはこのやり方は使えません。

　実験1の渦を作る、実験2の底に穴を開ける方法は、ボトル内に空気を取り入れる道を作り、大気圧を利用するという点で共通しています。実験4は、ストローで息を吹き込んで内部の空気圧＞大気圧（外気圧）の状況を作ったことで、水を一気に排出することができました。

03

もっと知りたい！

もし、空間に空気がなかったら

- QuizKnock Trivia -

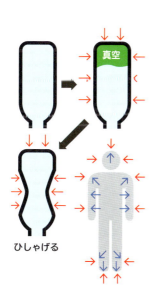

ひしゃげる

　水が出て空になったスペースに空気が入っています。では、もしその空間が空気のない真空だったら……という、非常に特殊な状況を考えてみましょう。

　天気予報で「今日の気圧は1000hPa（ヘクトパスカル）……」といったいい回しを聞くことがあります。気圧（大気圧）は文字どおり大気が物体を押す圧力のことで、この日の場合は大気中にある物体はあらゆる方向から1000hPa（1hPa=100Paなので1000hPaは10万Pa）の圧力を受けています。もちろんペットボトルにも、四方八方から大気の圧力がかかっています。**仮にボトル内の水のない空間が真空ならば、内側からは気圧が働かないため、ペットボトルは大気に押しつぶされてしまいます。**水を出してもペットボトルがつぶれないのは、この空間に空気が流れ込んでくるからなのです。

　私たちがふだん大気に押しつぶされないのも、人体の中の空洞（肺や食道など）に空気が満たされていて、外気からの圧力を打ち消しているためなのです。

COLUMN #03

アルコールで菌が死ぬのに人が死なないのはなぜ？

1 お酒には本当はアルコールが含まれていないから

2 細胞単位で見ると死んでいるけれど、全体としては無事にすんでいるから

3 ほかの動物にないアルコール耐性が人間には備わっているから

正解は **2** でした

　実は**「アルコール」は、似た構造を持った化合物の総称**です。このコラムでは、お酒にも含まれるアルコールの一種「エタノール」という成分について考察します。

　私たちがふだん、殺菌をするときも、酔って楽しむときもお世話になっているエタノール。このエタノールで細菌を殺すことができるのは、**エタノールが細胞の中に入り込んで細胞の仕組みを壊してしまう**からなのです。エタノールのように分子が小さいアルコールは、細胞膜を簡単に通り抜けて、内部にあるタンパク質の性質を変えてしまいます。細菌は、たった1つの細胞で生命維持に必要なすべてをこなしていますから、エタノールによって細菌は死に至るのです。

　「人間も細胞でできているんだから、エタノールを口から大量に摂取したら死んでしまうのでは？」と思いますよね。幸い（？）、人類は多細胞生物です。**エタノールが直接触れて皮膚の細胞が多少失われたとしても、命にはかかわりません**。また、皮膚や食道の表面の組織は、丈夫にできていることが多いのです。お酒が好きな人にとってはなんとも都合のいい結論ですが、それが多細胞生物の強みなんですね。

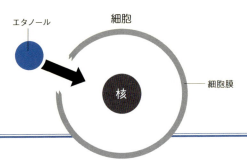

04 ヤカンを使わずに水を温めるにはどうする?

学べること ─── エネルギー保存則

　めちゃくちゃお腹が空いているけれど、外出して食べる元気もない。家にある食べ物はカップラーメンだけ。お湯がほしいけれど、ヤカンもポットもない。あるのは、携帯電話と掃除機とミキサー。こんなとき、どうしますか?「そんな状況ない!」と思うかもしれませんが、まぁお付き合いください。

水を温めるのに使える電化製品はどれ?

どれもやり方次第でいけそうな気も……

[携帯電話]　　[掃除機]　　[ミキサー]

Keyword　熱

　熱は抵抗にともなって生じます。物と物がこすれたときに生じる熱を摩擦熱といいますよね。摩擦がある平らなところで物を滑らせると、こすれている部分が熱くなるのと同時に、抵抗力を受けて物のスピードは落ちていきます。このとき、運動している物体が持つエネルギーが熱に変わっているのです。

A 正解は「ミキサー」でした。

正解はミキサーでした。携帯電話や掃除機も工夫次第では水を温められるかもしれません。ただ、まとまった量の水をふつうに温めるなら、この中ではミキサーが最適なのです。どうやるのかって？ それを今からお見せしましょう！

> 方法は簡単。ミキサーに水を入れてかき混ぜてみるだけ！ ミキサーは本来の使い方にしたがって正しく安全に使ってください。ナイスガイ須貝との約束だぞ！

[用意するもの]

水

ミキサー

温度計

> これってひたすら温まるのを待つの？

> | 実験スタート |

まずは水道水100mlの温度を測っておきましょう。温度をメモしたらミキサーに入れてスイッチオン。5分経ったら、水の温度を温度計で測ります。

1 水の温度を測り、ミキサーにかける

20.8℃からスタート

さあスイッチオン！ ミキサーの中で水が激しくかき混ぜられています（当たり前!）。その様子を5分間、やさしく見守りましょう。

2 5分後の温度を測ってみる

42.0℃に

ミキサーがあればお茶も飲める!?白湯くらいかな

5分経ったらスイッチを切って温度をチェック！ 結果は42.0℃。残念ながらカップラーメンは無理だけど、ぬるめのお茶なら淹れられそう。

04

ヤカンを使わずに水を温めるにはどうする？

[解説] STUDIES 04

ミキサーの中で何が起こっているのか?

> 運動エネルギーから熱エネルギーへの変換が起こっている

そもそもエネルギーとは……

「エネルギー」という言葉、日常でもよく聞きますよね。「遊びすぎてエネルギーを消耗した」とか「環境にやさしいエネルギー」とか。物理においてエネルギーとは、「まわりのものに影響を与える能力」を表しています。高いエネルギーを持ったものは、熱や光を出したり、運動したりして、周囲のものに影響を与えることができます。

エネルギーはいろいろな種類に分けることができます。位置エネルギー、運動エネルギー、電磁気エネルギー、熱エネルギーなど。たとえば、高いところにあるものは位置エネルギーが高く、落ちていくと位置エネルギーは低くなります。

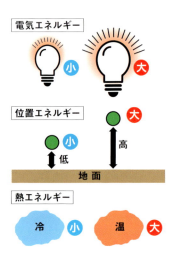

じゃあ、運動エネルギーって何?

運動エネルギーとはずばり、運動している物体が持つエネルギーを表す指標です。カーリングでストーンを投げて、相手チームのストーンを弾き飛ばす場面を見たことがある人も多いでしょう。ここでは、投げたストーンが運動している物体です。投げたストーンはほかのストーンを動かすことができるので、「運動エネルギーを持っている」ということができます。

なお、**速いものほど運動エネルギーが高くなり、運動エネルギーは速さの2乗に比例します。**速さが2倍になると、運動エネルギーは4倍になるのです。

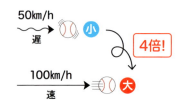

[解説] STUDIES 04 | ミキサーの中で何が起こっているのか？

熱ってなんなの？

　熱エネルギーは、物体の温度を上げるために必要なエネルギー。単位はJ（ジュール）やcal（カロリー）で表されます。実は、熱エネルギーと運動エネルギーは互いに変換することができます。実験では、**ミキサーのブレードが水分子に衝突したり摩擦を起こしたりして、運動エネルギーが熱エネルギーに変換された結果、温度が上昇した**というわけです。手をこすり合わせると手が温かくなるのと同じ原理ですね。

　反対に、熱エネルギーを運動エネルギーに変えることもできます。たとえば、火力発電は火を燃やして水を沸騰させ、蒸気の強い勢いに変えることでタービンを回しています。熱が運動に変わっているいい例ですね。

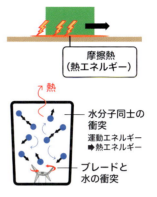

もっと知りたい！

エネルギー保存則

- QuizKnock Trivia -

エネルギー保存則は19世紀中ごろに発見されました

　実は、エネルギーというのは増えたり減ったりしません。これを**「エネルギー保存則（エネルギー保存の法則）」**といいます。今回の実験でいえば、ミキサーのブレードの運動エネルギーが熱エネルギーに変換されたわけですが、その**状態が変わっても変換される前後でエネルギーの合計は変わっていない**、ということです。この世の物理法則は、必ずエネルギー保存則を満たすことが条件になっています。「物理で一番大事な法則はなんですか？」と聞かれたら、私ナイスガイ須貝は迷わずエネルギー保存則だと答えたい。それほど重要な法則なのです。

　さて、今回の結果に対して**「ミキサーを回しっぱなしにしたせいでミキサー自体が熱くなり、その影響で、水がお湯になったんじゃないの？」**という疑問を抱いた人もいるかもしれません。うんうん、確かにその効果はありそうです。というわけで、次のページの対照実験もあわせてチェック！

対照実験にTRY！

ミキサーの発熱が疑わしいならボトルをひたすら原始的に振ればいいじゃない！ ということで、手に持って振り、水に運動を与えてみます。筋肉痛に注意！

1 ペットボトル2本に同量の水を入れる

手で振った効果で温度が上昇するかを調べたいので、同じ条件のボトルを2本用意し、片方は手に持って振り、もう一方は手に持つだけとします。

2 5分後のそれぞれの水の温度を測る

振ったほうは27.7℃、持つだけのほうは25.3℃。振ったほうの温度上昇が大きかったということは、運動が熱に変わった証拠です！

25.0℃からスタート

27.7℃

5分も……

頑張れこうちゃん

振るだけで2.4℃も多く上がっている

SUMMARY
[まとめ]

物体と物体の衝突が水の温度を上げる！

湯沸かし問題も解決！

今回の実験では、**物と物とが衝突するときに熱が生じることに注目して、水をかき混ぜるための道具であるミキサーの運動から熱を取り出そうとしました**。これは、ジェームズ・ジュールが行った羽根車実験の現代版といえます（下の「もっと知りたい！」を参照）。ミキサーを5分回すと、水温が20℃程度上昇し、42℃のお湯を作ることができました。

続いて、「温度上昇は、ミキサーのモーターの発熱によるものなのではないか？」という疑問を解消するために別の実験も行いました。ペットボトルを2本用意し、片方を5分振り続けたところ、振ったほうが2.4℃も多く上昇しました。**これにより、物と物とが衝突することによって熱が生じることを確かめることができました**。

もっと知りたい！

実は170年前に行われた実験だった

- QuizKnock Trivia -

「まとめ」で触れたように、水にブレードを入れてかき回す実験は、ジュールが実際にやった実験と原理的には同じものです。ジュールはイギリスの物理学者で、熱エネルギーの単位の「ジュール」は彼の名が由来となっています。

ジュールは、**1800年代当時とは思えない正確な測定を行い、羽根車の回転が温度を上昇させることを明らかにしました**。現代のような精密な実験器具がない時代に約0.01℃の精度で温度上昇を観測したのだからすごい！ また、**水の比熱を計算することで、現在知られている4.2J=1calという関係を明らかにしました**。この値は、より正確な測定が行えるようになった現在の教科書の値とも一致しています。ジュールの研究は、**当初は学会で相手にされませんでしたが、もう1人の天才物理学者、ウィリアム・トムソンとの出会いで世に知られることになります**。トムソンは熱力学を完成に導き、のちにケルビン卿と名前を変えて絶対温度の単位にその名を残しています。

COLUMN #04

伊沢拓司の尊敬する科学者は？

> 海軍軍人の高木兼寛です！

高木兼寛
たかき　かねひろ
(1849〜1920)

日本の海軍軍人、医学博士、男爵。脚気の撲滅に尽力したことで知られ、「ビタミンの父」「日本の疫学の父」とも呼ばれる。1881（明治14）年、東京慈恵会医科大学の前身である成医会講習所を創設。

高木兼寛のここが好き！

　高木兼寛は純粋な科学者ではありません。ただ、非常に科学的な、首尾一貫した姿勢を貫いた人物です。高木が海軍軍医大監に就任したころ、海軍は脚気に悩まされていました。今でこそ脚気はビタミンB_1の不足が原因だとわかっていますが、当時はビタミンという概念すらありません。そんななか、高木は海外の海軍と日本の海軍の食事を比較したり、食品成分表を調べたりして、「脚気は白米中心の食事が原因ではないか。兵食を変えて栄養状態を改善すれば治るのでは？」と考え、そう提言するんですね。海軍が高木の提言にしたがって食事を変えると、脚気患者は見事に激減しました。
　ところが、高木の栄養説は論理がやや粗かったこと、陸軍軍医だった森鴎外が脚気は伝染病だと主張し、高木の栄養説を強く否定したこともあって、彼の業績はまったく評価されませんでした。けれど、科学というものがまるで根づいていなかった日本で、科学的な手法を先駆的に取り入れ、「脚気は栄養不足が原因」という結論を導き出したのは、本当にすごいなぁと思うんです。

05 メビウスの輪をひねりまくるとどうなる？

学べること ── 曲面の性質

「メビウスの輪」をご存じですか？ この輪の一番の特徴は、「表と裏」の区別がないことです。「表と裏」の区別がない、というのはどういうことでしょうか。そして、このメビウスの輪にハサミを入れるとどうなるのでしょうか。いろいろと試してみましょう。

メビウスの輪の真ん中にハサミを入れるとどうなるのか？

何ができるかな〜？

① 1つの輪になる
② 2つに分かれる
③ 3つに分かれる

Keyword メビウスの輪

メビウスの輪というのは、表と裏の区別がなくなってしまった輪のことです。この不思議な曲面の性質を理解するためには、トポロジー（位相幾何学）という数学の分野の知識が必要になります。気になる人は、さらに詳しく調べてみましょう。

正解は「①1つの輪になる」でした。

　正解は「1つの輪になる」でした。ただし、できるのは「720度ねじれた輪」です。これはメビウスの輪のように「表と裏の区別がない」輪ではありません。試しに、帯の幅の真ん中あたりにペンで線を引いてみてください。表と裏がつながっていないことがわかります。

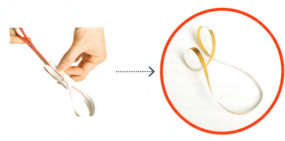

頭の中だけで考えるのが難しい問題は、絵を描いてみたり、作ってみたりと、とにかく手を動かすことが大切です。それが、科学のより深い理解へとつながります。

[用意するもの]

紙
(両面で色が違うとわかりやすい)

カッター

ハサミ

のり

定規

カッティングボード

実験スタート

さあ、実験……とその前に、まずはメビウスの輪を実際に作って、「表裏がない」ことを確かめてみましょう。その後、次ページの実験A、Bにトライすると理解しやすいはずです。

メビウスの輪の作り方

メビウスの輪を作ります。1枚の紙の端を切り出し、細長い帯状にします。裏と表の色が違う紙を選ぶと、結果がわかりやすくなり便利です。

紙の片方の端を180度ねじってから、もう一方の端と重ねてのりで留めます。このねじりがポイント。これでメビウスの輪は完成です。

実験する前に……

「表裏がない」ことを確かめてみましょう。メビウスの輪のどこか1か所を始点とし、そのままペンで1本の線を引いていきます。

描くのは意外と難しい

なんということでしょう！　表と裏の両面に線が引けて始点に戻ってきてしまいました。ねじらずに作った輪では、こうはいきませんよね。

05

049

メビウスの輪をひねりまくるとどうなる？

[実験] A ねじる回数を変えて輪を作る

[実験] B 輪っかを2周するように切る

メビウスの輪は180度ねじって作りますが、今度は2回、つまり360度ねじって輪にしました。帯の幅の真ん中あたりを切っていきます。

2回転

1回転のときは1つの輪になったけど、今回は……？

ハサミを入れて2周する

切り進めると……

まずはメビウスの輪を作ります。帯の幅⅓のあたりを切り進め、輪をちょうど2周したところで切り終えるようにします。

さて、結果は ──────→

実験結果

[実験] **A** 絡みあった2つの輪ができた！

[実験] **B** 大小2つの輪ができた！

ねじる回数を増やし、幅の真ん中あたりを1周切り進めた実験Aでは、同じ大きさの輪が2つに！ 一方、ねじる回数は1回転（つまりメビウスの輪）を2周切り進めた実験Bでは、大小2つの輪ができました。どちらの輪もねじれています。皆さんは上手にできましたか？

追加実験にTRY!

ねじっていないふつうの輪を2つ作り、写真のように90度回転させて貼り合わせます。これを切るとどうなる!?

ハサミを入れるのは片方の輪だけです。輪が重なったところを始点とし、輪の幅の真ん中あたりをそのまま切っていきます。

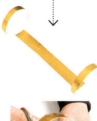

1周して切り終えたら、2つの輪が1本の帯でつながっている状態になりました。こんな姿になるとは予想外です！

続いて、1本の帯の幅の真ん中あたりを切ります。すると、大きな四角ができました！な、なぜ……!?

驚き！

[解説] STUDIES 05

メビウスの輪はどのようになっているのか?

メビウスの輪とトポロジー

「表と裏の区別ができない」というのがメビウスの輪の特徴でした。**このような曲面の性質を、トポロジー(位相幾何学)では「向き付け不可能」という言葉で表します。**

向き付け不可能な曲面では、少し不思議なことが起こります。たとえば、あなたがメビウスの輪に住んでいる2次元の住人だとしましょう。あなたは今、ある地点からまっすぐ歩いて、つまり足を常に帯の片面に置くように、メビウスの輪を1周します。**スタート地点に戻ってくるとあら不思議、出発したときとは上下が逆さまになっているのです。**このような特徴について数学的に解明しようとするのが、「トポロジー」と呼ばれる分野です。

お互いに鏡像

もっと知りたい!

トポロジー

- QuizKnock Trivia -

トポロジーは「やわらかい幾何学」ともいわれます

私たちが「このかたちとあのかたちは『同じ』だ」というとき、「同じ」という言葉は、2つのかたちを重ねることができる(合同)か、片方を拡大したり縮小したりすればもう一つに重ねることができる(相似)、という意味で使われることがほとんどです。

ところが、トポロジーでは、「同じ」という言葉の意味がガラリと変わります。一例を挙げれば、**図形が「どのようなつながり方をしているか」などの情報をもとに、いろいろなかたちを見比べるのがトポロジー的な考え方なのです。**少し難しいですか? でも、この考え方はとても身近なところで見かけます。代表的なのが電車の路線図。インターネットで「同じ」路線図の画像をいくつか比べてみてください。それらは「合同」でも「相似」でもないと思います。でも、ほかの路線図との**「つながり方」**という点から見れば、どれも「同じ」といえますね。トポロジーは、いわゆる常識とは違った見方で「かたち」について考える数学の分野なのです。

SUMMARY
[まとめ]

ねじった回数とハサミの入れ方の関係は?

いろいろと条件を変えて実験してみてください

今回の結果をまとめると以下のとおり。
【クイズ】メビウスの輪（180度ねじった輪）を1周切る⇒輪の数は1つ／ねじれは720度／表と裏の区別が可能。
【実験A】360度ねじった輪を1周切る⇒つながった2つの輪／ねじれはどちらも360度／表と裏の区別が可能。
【実験B】メビウスの輪を2周するように切る⇒つながった大小2つの輪／小さいほうのねじれはメビウスの輪と同じ、大きいほうは720度／小さいほうは表裏の区別がつかず、大きいほうは表と裏の区別が可能。

どうですか？ 何かしら法則がありそうですよね。「**最初にねじった回数**」と「**表と裏の区別**」に着目していろいろな切り方をすると、詳しい関係が見えてくるかもしれません。

もっと知りたい！

トポロジーで有名な「橋」と「壺」

- QuizKnock Trivia -

トポロジー的な発想を刺激するモチーフは、「メビウスの輪」以外にもたくさん知られています。その一つが、「**ケーニヒスベルクの橋**」。これはいわゆる「一筆書き問題」の1つで、川にかかる7つの橋を、どれも1回ずつ通過するように移動することは可能か？ という有名な問題です。この問題の答えを導き出したのが、スイスの数学者、レオンハルト・オイラーでした。彼は陸地と橋の関係を図で表し、ただの点と線のつながり方の問題として捉えました。この考え方は、その後数学の一分野であるトポロジーやグラフ理論の発展につながりました。

「**クラインの壺**」も紹介しておきましょう。これは、「メビウスの輪」の上級版のようなもの。「メビウスの輪」の特徴は、輪の表をたどっていくといつの間にか裏にたどり着いている、というように表と裏の区別がないことでした。「クラインの壺」は、内側にいたはずなのにいつの間にか外側に出てしまう、というものです。

ケーニヒスベルクの橋

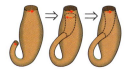

クラインの壺

※もっと知りたいと思った人は、『ざっくりわかるトポロジー』（サイエンス・アイ新書）がおすすめ。

COLUMN #05

3D映画はなぜ飛び出して見えるのか?

1 3Dメガネによって右目と左目で違う映像を見ているから

2 3Dメガネから脳に特殊な指令を出しているから

3 3Dメガネのレンズが凸凹で、それによって映像が立体的に加工されるから

正解は **1** でした

　ここ最近増えてきた3D映画。見たことがある人も多いでしょう。でも、どうして映像が飛び出して見えるのか、考えたことはありますか？　そもそも、なぜ私たち人間は、ものを立体的に捉えることができるのでしょうか？

　人間の眼は左右でそれぞれ別の像を見ています。そして、その2つの像を脳がうまく合成してくれるため、立体的にものを見ることができるのです。この仕組みをうまく活用しているのが3D映画。「私たちが日常的にものを立体として見ているのだから、映画でもそれと同じ状況を再現したら立体的な映画になるじゃん！」と頭のいい人が考えたわけですね。多くの映画館で導入されている3Dメガネは、右目のレンズと左目のレンズとが別々の光を通す特殊なものです。さらに、右目用の映像と左目用の映像とをプロジェクターが高速で切り替えたり、2台のプロジェクターを用いるなどして、2つの映像を上映しています。これらの技術のおかげで左右の目で違う映像を見ることができ、飛び出す映画が楽しめるんですね。

〔RealID（リアルディー）方式〕

左目用と右目用の映像が高速で切り替わる。その速さ1秒間に100回以上！

右目用　　左目用

右目は右目用の映像を見る　　左目は左目用の映像を見る

06 ナトリウムランプを使って色当てクイズをやってみよう

学べること——**色が見える仕組み**

皆さんは1色しか色のない世界を想像したことがありますか? 私たちがふだん目にしているものはとてもカラフルですよね。色はどのように見えているのでしょうか。特殊なランプを使って色が1色しかない世界を作り出してみましょう。

Q 緑色のピーマンはどっちの手?

右じゃない?

いや、このかたちは左でしょ

Keyword ナトリウムランプ

ナトリウムランプは、トンネルなどで使われているオレンジ色のランプです。名前のとおりナトリウムが使われています。「ナトリウム」と「オレンジ」でピンときた人はすばらしい! そう、炎色反応です。ナトリウムランプのオレンジは、ナトリウム特有の色なのです。

白黒の世界みたいだ

正解は「**左手**」でした。

正解は左手でした。でも、どちらもほとんど同じ色に見えますよね。このような、モノクロにごく近い世界を作り出せたのは、ナトリウムランプのおかげ。照明をオレンジ色のナトリウムランプにすると、なぜ色がわからなくなるのでしょうか？

ナトリウムランプはインターネットなどで購入できますし、レンタルもできます。さまざまな種類がありますが、「低圧ナトリウムランプ」を選ぶといいでしょう。

[**用意するもの**]

ナトリウムランプ
（レンタルしてくれる会社があります）

ピーマン

カラーピーマン

アルコールストーブ

マッチ

食塩水

> **実験スタート**

ナトリウムランプを点灯して部屋の照明を消すと、10分くらいで1色の世界ができます。カーテンも閉めましょう。光源をナトリウムランプの明かりだけにするのがポイントです。

[実験] 1 ナトリウムランプをつけて野菜の色を観察する

ナトリウムランプの明かりでピーマンの色を比較してみます。赤と緑だけでなく、黄色やオレンジのカラーピーマンと比較するのも面白いですね。

on!

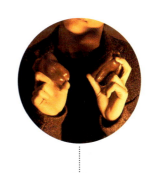

「どちらが緑色？もう片方は何色のピーマンなんだろう」

「まったくわからなかった……」

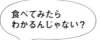

「食べてみたらわかるんじゃない？」

ふつうの明かりの下で見れば一目瞭然なのに、ナトリウムランプではほぼ同じ色に見えました。それでは、次の実験に行ってみましょう！

06

057

ナトリウムランプを使って色当てクイズをやってみよう

[実験] 2 アルコールランプと食塩水で炎を観察する

　もう一つ面白い実験をしてみましょう。用意するのはナトリウムランプとアルコールランプ、そして食塩水です。まずアルコールランプに火をつけます。この火で食塩水を染み込ませたティッシュを炙ると……？　なお、アルコールランプがなくても、安全に火が出せるものならなんでもかまいません。今回は撮影しやすいよう、大きな炎が出るキャンプ用アルコールストーブを用意しました。

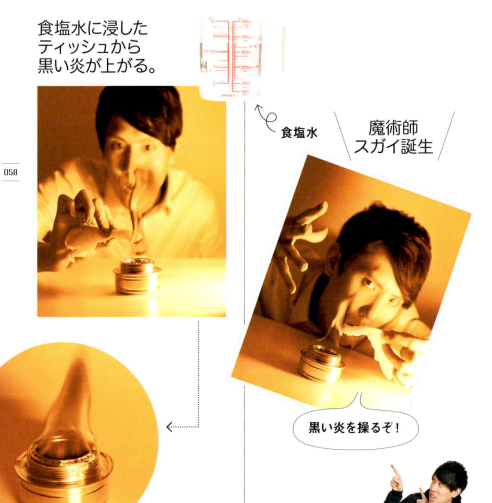

食塩水に浸したティッシュから黒い炎が上がる。

食塩水

魔術師スガイ誕生

黒い炎を操るぞ！

[解説] STUDIES 06

ものの色はどのように見えているのか?

色は反射する光によって決まる

色が見える仕組みは……

私たちがいろいろな物体の「色」を見ることができるのは、光のおかげです。白っぽい光（太陽光や一般的な照明の光など）を物体に当てると、**光が当たった物体の表面は特定の色の光を吸収し、そのほかの光を反射します。この反射された光が目に入り、脳に伝わることで色を認識できるのです**。赤ピーマンが赤く見えるのは、そのピーマンが赤以外の光を吸収し、赤い光を反射しているから。色は、物体が反射する光によって決まるのです。

ちなみに、白い光は、様々な色の光が重なって白く見えています。なので、物体が様々な光を反射すると白、まったく光をはね返さず、すべてを吸収すると黒に見えます。すべての光を完全にはね返すものが鏡、あるいは金属光沢です。

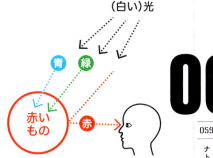

光のスペクトルとは？

光は電磁波の一種です。電磁波の中でも人間の目に見える波長のものを光、あるいは可視光と呼んでいます。可視光は、その波長に応じた色を持っています。波長が長いものから短いものへと並べると赤橙黄緑青藍紫となり、これを光のスペクトルといいます。

黄からオレンジに当たるナトリウムランプの光は、簡単にいうとナトリウム原子が発する光です。波長は589nm（ナノメートル）のみ、1色だけしかありません。この1色だけを出すという特性により、**ナトリウムランプに照らされた物体は吸収する色と反射する色の区別がなくなって（そもそも1色しかない！）、モノクロに見えたというわけです**。

[解説] STUDIES 06

実験2の黒い炎の原理

ナトリウムランプの光は、ナトリウム原子に関係する特定のエネルギーに関係しています。高いエネルギー状態（励起状態）にある電子は、元の安定した状態（基底状態）に戻ろうとします。このとき、特定のエネルギーを光として放出します。ナトリウムはこの光がちょうどオレンジ色なのです。有名な炎色反応でも同じことが起こっています。

さて、**黒い炎ではこれと逆の現象が起こっています。**つまり、光のエネルギーを吸収して基底状態から励起状態に変化しているのです。ナトリウムランプの光なので、吸収したいのとちょうど同じエネルギーを光が持っています。**食塩に含まれるナトリウム原子が、唯一の光であるオレンジ色の光を吸収した結果、炎が黒く見えたのです。**

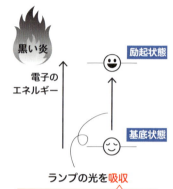

SUMMARY [まとめ]

ナトリウムランプを使えば色の見え方が理解できる

色が見えるということは、物体がある色の光を反射しているということです。そこで、1つの色の光しか出さないナトリウムランプを使ってモノクロの状態を再現しました。この光の下では、赤と緑の区別もつきませんでした。また、せっかくナトリウムランプを手に入れたのだからと、食塩水を染み込ませたティッシュを炙る実験にも挑戦しました。すると、**加熱によって気化したナトリウムがランプの光を吸収して炎が黒っぽく見えることがわかりました。**

右ページでは、ナトリウムランプの光の下でルービックキューブ大会を開催！「モノクロの世界でルービックキューブをそろえることは難しいだろう」という予想は見事的中。ルービックキューブが得意な福良も惨敗でした……。

ランプのオレンジ色は「炎色反応」と同じ色なのか！

[解説] STUDIES 06

さらに実験をするなら……

ナトリウムランプの明かりのもとでは、赤と緑以外の色も見分けがつかないのかな？ そんな疑問が浮かんだので、ルービックキューブをやってみました。

福良 **VS** 須貝

「こんなの簡単でしょ」

「負けられない戦いがここにある！」

「白と黄色が同じに見えるんだよなぁ」

「あれ、意外と難しい」

「これっしょ」

「こんなこと、理論的にありえない……」

《完成》

《完成》

満面の笑みで★
２色混じってフィニッシュ。

完璧だと思ったのに、まさかの３色だよ……。

ナトリウムランプを使って色当てクイズをやってみよう

COLUMN #06

紅葉はきれいだけれど、なぜ葉の色は赤や黄色に変わるの？

1 乾燥して緑色の色素が失われるから

2 緑色の色素が養分として葉から樹木に吸い上げられるから

3 新しく赤い色素が作られるから

正解は ❷ と ❸ でした

　正解の②は紅葉の時期に葉が黄色くなる理由、③は葉が赤くなる理由なので、②と③の両方が正解になります。そもそも、なぜ冬を控えて紅葉が起こるのでしょうか。落葉樹に分類される樹木は、厳しい冬を乗り切るために葉っぱを散らします。葉っぱは乾燥や低温に弱いので、毎年使い捨てるほうが効率がいいからです。そして、**葉っぱを散らす前に落葉樹が施す「寒さ対策」によって、葉の色が変わる**と考えられています。

　まず、黄色くなる理由から。葉を落とす時期が近づくと、**樹は葉から養分として使えるものをあらかじめ回収しようとします**。これと並行して、光合成を行うための葉緑体を分解して葉から引き上げます。ところが、**葉緑体は葉が緑色である理由でもある**ため、葉緑体が抜けることで、もともとあった**黄色い色素（カロテノイド）が目立つようになる**、というわけです。赤くなるのは、新しく**赤い色素（アントシアニン）が作られるから**です。なぜ赤い色素をわざわざ作るのか？　葉緑体を分解する途中で葉に強い光が当たると有害な成分ができてしまうため、強い光に強い「赤いカーテン」を葉のまわりに作るのだと考えられています。

葉緑体

葉緑体が多いので緑に見える

カロテノイド

葉緑体が回収され、黄色の色素が目立つ

アントシアニン

赤い色素が作られる

海が砂糖水だったらものは浮くの？

学べること ── 浮力

アラビア半島にある死海を知っていますか？ ふつうの海やプールに入ったときよりも体が浮くことで知られています。この湖は塩分濃度がふつうの海の約10倍。浮力の秘密はこの塩分濃度にあるのです。では、砂糖水だったらどうなるのでしょうか？

質量が多いほうだから……

同じ浮力になる食塩水と
砂糖水を作ったとき、
水に溶けている
質量が多いのは？

① 食塩　② 砂糖　③ 同じ

Keyword 密度

密度とは、ものが詰まっている度合いのこと。密度が小さいものは大きくても軽く、密度が大きいものは小さくても重くなります。ある物体が水に浮くかどうかは、水より密度が大きいか小さいかで決まるのです。食塩水に浮くかどうかも、食塩水の密度との大小で決まります。

正解は「② 砂糖」でした。

[食塩] 　　[砂糖]

　正解は砂糖でした。③の「同じ」と思った方も多いかもしれませんね。実はQuizKnockもそう予測していました。「浮力は水の密度で決まるから、砂糖でも食塩でも同じでしょ？」と。しかーし、見事にはずれ。なぜ砂糖のほうが多いのか、一緒に考えていきましょう！

> 事前に予測していたのと異なる結果になりました。これだから実験は面白いんですよね。この実験、食塩と砂糖はかなりの量が必要です。それぞれ100gは用意しておきましょう。

[用意するもの]

水　　　計量カップ　　　食塩　　　砂糖

卵　　　はかり

> 卵以外のものも浮かべてみよう

実験スタート

計量カップに卵1個と420mlの水を入れます。卵が浮かぶまで食塩を入れ続けましょう。その後、砂糖でも同様に行います。入れた食塩、砂糖の質量の計測を忘れずに！

1 水に食塩を入れていき、卵が浮いたときの質量を調べる

入れた食塩の分量がわかりやすいように、食塩100gを用意。卵と水を入れた計量カップに食塩を入れる⇒混ぜる作業をくり返します。

100gからスタート

混ぜて溶かしてをくり返し

食塩の質量は

42g

浮いた！

よし、卵が浮きました！ 残った食塩の質量が58gということは、入れた食塩の質量は42g。さあ、砂糖の場合はどうなる!?

2 水に砂糖を入れていき、卵が浮いたときの質量を調べる

計量カップに420mlの水と、先ほど使った卵（洗って水気を拭いておきます）を入れます。ここに砂糖を入れる⇒混ぜるをくり返して……。

次は砂糖だ！

どんどん入れるよ！

砂糖の質量は

78g

食塩よりもかなり多い、78g入れたところでようやく浮きました！ 非自明〜！（須貝の口癖。理屈が通らないの意）。

やっと浮いた

07

065

海が砂糖水だったらものは浮くの？

[解説] STUDIES 07

水の中で
ものが浮くのはなぜか？

浮力が働くから

浮力とは……

「浮力」とは、物体を液体に沈めたときに、液体が物体を押し上げようとする力のこと。 液体の中にある物体には、「その物体が押しのけた分の液体にはたらく重力」が浮力としてかかります。これを**「アルキメデスの原理」**といいます。

卵の体積を、仮に50cm³（立方センチメートル）としましょう。密度1g/cm³の水に卵を入れると、50×1=50gを押し上げるだけの浮力が、卵にかかることになります。

浮力の大きさは液体の密度に比例するので、水に食塩や砂糖を少しずつ溶かして密度を大きくしていくと、浮力も次第に大きくなり、やがて卵が浮くというわけです。

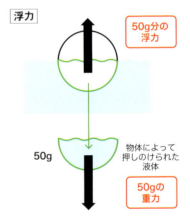

> 中学理科で習いましたね。懐かしい〜！

体積が一定なら……

水に溶質を溶かしたときの水溶液の密度は、**（水の質量＋溶質の質量）÷（溶液の体積）** で求められます。中学理科のおさらいになりますが、溶質は「溶かした物質」、溶液は「水に何かを溶かした液」です。食塩水なら、溶質は食塩、溶液は食塩水ということ。水と食塩の質量を足して、それを食塩水の体積で割ってあげればいいんです。

今回の実験では、食塩水も砂糖水も同じ量の水を用いました。**溶液の体積が溶質を溶かす前後で変化しないとすれば、溶液の密度は、溶質の質量だけで決まることになります。つまり、卵が浮くまでに溶かした食塩と砂糖は、同じ質量になるはずです。**

[解説] STUDIES 07 | 水の中でものが浮くのはなぜか？

砂糖のほうが多く必要になるのはなぜか？

　ところが、実験では砂糖のほうが多く必要でした。なぜ……？　先ほど、「溶液の体積が溶質を溶かす前後で変化しないとすれば」と書きましたが、ここが疑わしいですね。そこで、同じ質量の溶質を溶かした食塩水と砂糖水の体積を量ってみると、**どちらも溶質を溶かす前より増えていて、増加分は砂糖水のほうが大きいことがわかりました**。ここで、水溶液の密度は、(水の質量＋溶質の質量)÷(溶液の体積)で求めることを思い出してください。砂糖水のほうが溶液の体積が大きいということは、**食塩と同じ質量の砂糖を溶かしても、密度は食塩水より小さくなります**。そのため、砂糖が多く必要になったというわけです。

今回の実験で使った砂糖（上）と塩（下）。砂糖のほうが多い。

SUMMARY
[まとめ]

水に溶かすものによって、密度の変化の仕方も変わる

　食塩水がふつうの水よりも浮力が大きいことをヒントに、砂糖水も同様に大きな浮力が得られるという仮説を立てて、砂糖水に卵を浮かべる実験を行いました。その結果、**砂糖水でも卵を浮かべることはできましたが、食塩水とは必要な質量が異なることが判明しました**。

　卵が押しのける液体の体積は同じなのですから、砂糖水でも食塩水でも、卵が浮いた瞬間の密度は同じはずです。それなのに溶かした質量が異なるということは、液体の体積に変化が生じているということでしょうか。

　そこで、**食塩水と砂糖水の体積を量ってみると、食塩水460㎖、砂糖水490㎖と明らかに差が生じていました**。

砂糖を溶かした甘い海は浮力も弱いのか……

[解説] STUDIES 07
さらに実験をするなら……

先ほどは卵がどのくらいの食塩の質量で浮くのかを調べてみました。では、ほかのものはどうでしょうか。じゃがいもとトマトを使って実験してみました。

じゃがいもとトマトは どのくらい食塩を入れたら浮くのか？

《じゃがいも》 in → 食塩46gで浮いた！

《トマト》 in → 食塩6gで浮いた！

この場合、じゃがいものほうが小さいし、早く浮きそうだけど

今度は、浮かべるものを変えて実験してみます。じゃがいもとトマト、どちらもふつうの水に入れると沈んでしまいます。そこに食塩を加えて溶かしてみると、**じゃがいもは46g、トマトは6gで浮いてきました。それぞれの密度が違うということですね。**さらに、トマト（の密度？）はかなり水に近い、ということもわかります。そういえば、トマトは中身がゼリー状になっています。ほぼ水、というのも納得できる構造ですね。

トマトってこんなに浮きやすいのか

もっと知りたい！
水溶液の体積は見積もれない？

- *QuizKnock Trivia* -

今回の実験でカギとなったのは、食塩水と砂糖水の「体積の違い」です。食塩水と砂糖水の体積を量ると、それぞれ460mℓ、490mℓでした。さて、この溶液の体積を、事前に計算で求めることができるかどうか、というのがこのコラムのテーマ。実は、溶液の体積を計算で求めるのはかなり難しいのです。

液体の体積について考えるとき、ボールがたくさん入った箱をイメージするとわかりやすくなります。サッカーボールがいっぱい入った箱を思い描いてみてください。ここに、たくさんのピンポン玉を投入します。さて、どうなるでしょうか。ピンポン玉はサッカーボール同士のすき間にうまく入り込みますよね。サッカーボール＝水分子、ピンポン玉＝水分子より細かい粒子の物質であるとすると、全体の体積はあまり増えないことが、イメージできるかと思います。

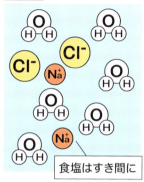

食塩水

食塩はすき間に

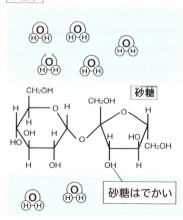

砂糖水

砂糖

砂糖はでかい

一方、ピンポン玉のように細かい粒子のものではなく、バスケットボールのような大きな粒子のものを溶かした場合はどうなるでしょうか。ピンポン玉のようにサッカーボールのすき間には入れないので、バスケットボールがサッカーボールを押しのけ、結果として全体の体積が増えます。つまり、溶かすものの分子の大きさや構造が、体積を左右するのです。そのため、単純な足し算では体積を計算することはできません。

ただ、食塩と砂糖の化学式から、どちらのほうが体積が増えそうかは推測できます。食塩の化学式はNaClで、水溶液中ではNa⁺イオンとCl⁻イオンに分かれて溶け込みます。一方、砂糖（スクロース）は$C_{12}H_{22}O_{11}$という非常に大きい分子で、水にもそのままのかたちで溶けます。これらを踏まえれば、砂糖水の体積のほうが大きくなりそうだという予測を立てられますよね。

水に浮くには、どのくらいの体脂肪が必要なのか？

体脂肪率
30%以上

体脂肪率
40%以上

体脂肪率
50%以上

正解は ❸ でした

　体が水に沈むか浮くかは、体の密度が水より大きいか小さいかによって決まります。**筋肉や骨の密度は1.1g/cm³、体脂肪の密度は0.9g/cm³**です。**水の密度が1.0g/cm³**ですから、筋肉や骨は水に沈み、体脂肪は水に浮くというわけです。これはつまり、筋肉や骨に脂肪をつけて、体全体の密度が水と同じ1.0g/cm³になるようにすれば、水にちょうど浮く体脂肪率がわかるということになります。計算式は次のとおり。
0.9×体脂肪率 ＋ 1.1×（1－体脂肪率）＝1.0
これを解くと、**体脂肪率は、なななんと50％！**　これは日本人の平均的な数値から見てもかなり高い数字になっています。「プールで浮くけど、私そんなに体脂肪率ないぞ！」　というリアクションが予想できます。この数字と実体験のミスマッチの正体は、「肺の中に吸った空気」にあります。肺に空気をたくさん吸い込んでいれば、体全体の密度が下がって水に浮くというわけです。今度プールに行ったら、浮いているときに息をふーっと吐いてみてください。沈みやすくなるはずですよ。

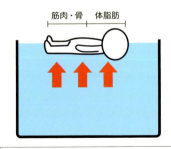

08 空中浮遊の謎を解け！

学べること ── 誘導電流

　ジャムの中にスプーンを入れると、ゆっくり中に入っていきますよね。ドロドロした液体に物を入れると、水に入れたときより速さがゆっくりになります。この現象は空気中でも再現可能なのでしょうか。今回はパイプと磁石を使って実験していきます。

アルミパイプと銅パイプの中に同時に磁石を落としたとき、どちらが後に出てくるでしょう？

① アルミパイプの中の磁石のほうが遅い
② 銅パイプの中の磁石のほうが遅い
③ 同じ

これは答えがわかりやすいかな？

Keyword　電磁石

　導線（電流の流れる線）をぐるぐる巻きにしたものをコイルといいます。理科の実験で使うようならせん状のコイルに電流が流れると、中心部を貫くように磁場が生じます。このとき、電気が流れることによってコイルが磁力を帯びるので、これを電磁石といいます。

正解は「②銅パイプの中の磁石のほうが遅い」でした。

正解は②でした。アルミパイプと銅パイプは、長さも太さも同じです。それにもかかわらず、磁石が落ちる速さには違いが生じます。これは、いったいどういうことなのでしょうか？ 実際に実験をしながら、その理由を考えてみましょう。

銅パイプ、アルミパイプ、ネオジム磁石は、いずれもホームセンターやインターネットで購入できます。ネオジム磁石は世界最強の磁力を持つといわれているんです！

[用意するもの]

銅パイプ　　アルミパイプ

ストップウォッチ

ネオジム磁石

ネオジム磁石はとても強力なので電子機器に近づけないように！

> 実験スタート

1人がアルミパイプを、もう1人が銅パイプを持ち、パイプの中にネオジム磁石を同時に落とします。1人で実験する場合は、磁石が落ちる時間を計測するのを忘れずに！

1 2本のパイプを用意して磁石が落ちる時間を計測する

どちらが速く落ちるか競争スタート！

アルミパイプ

銅パイプ

アルミパイプと銅パイプを、床に対して垂直になるように持ちます。パイプの上にネオジム磁石をスタンバイ！

落ちていく音で速さの違いが感じられるね

2 それぞれの中に磁石を入れる

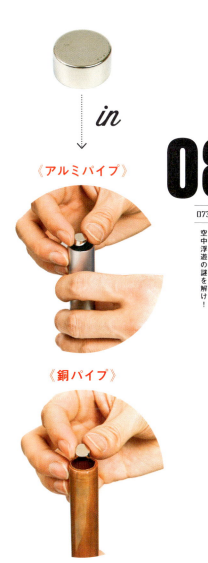

in

《アルミパイプ》

《銅パイプ》

073 空中浮遊の謎を解け！

銅パイプ	アルミパイプ
Time **2.65** 秒	Time **1.66** 秒

金属パイプ同士で落下時間が1秒も違うんだね

[解説] STUDIES 08

なぜ、磁石が落ちる スピードが異なるのか？

磁場の反発の強さが金属によって異なるから

誘導電流ってなんだ？

原子は、陽子と中性子からなる原子核と、電子でできています。陽子は＋の電荷、電子は－の電荷を帯びています。原子が電子を失い、＋の電荷を帯びたものが陽イオンです。

さて、**金属の中では、きれいに整列した陽イオンの中を電子たちが飛び回っています。** この自由な電子たちは、金属の近くで磁場が変動すると「ローレンツ力」と呼ばれる力を受けて決まった方向に動き出し、それが電流となります。このように、磁場の変化にしたがって生じる電流を「誘導電流」と呼びます。誘導電流に関する法則に、「レンツの法則」があります。この法則から、「**コイルは近づく磁場に反発する磁場を発生させる**」ことがわかっています。

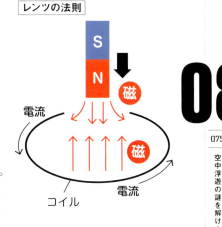

レンツの法則

レンツの法則にしたがっていた！

つまり、磁石がN極を向けて近づいてくるとき、コイルはそのN極側が出す磁場に反発するべく、同じN極側の磁場を生じさせます。**コイルの近くで磁石が動くと、その磁石の動きに反発する磁場を生むような向きに誘導電流が流れるのですね。**

実験で用いた金属パイプは、コイルがたくさん重なったものと考えることができます。磁石が金属パイプの中を落ちていくときは、たくさん重なった薄切りコイルのそれぞれから、レンツの法則にしたがって磁場の反発を受けます。**この反発の強さが金属によって異なるために、** アルミパイプよりも銅パイプのほうが落ちるスピードが遅かったのです。

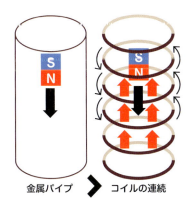

金属パイプ　コイルの連続

[解説] STUDIES 06

さらに実験をするなら……

さらに磁場の実験を行うなら、次のような内容が考えられます。ぜひ、挑戦してみてください。

条件を変えて行う

今回の実験で使った金属パイプはアルミパイプと銅パイプでした。そもそも自由に落下させたときと金属パイプの中を落下させるのでは、どれくらい速さが違うのでしょうか。試しに金属ではない素材でできたアクリルパイプの中に磁石を落とすと、0.53秒でした。ここからどんなことがわかるか、考えてみるのも面白いかもしれません。

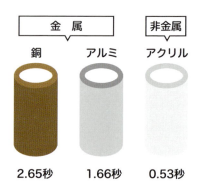

定量的に考える

スピードが「速い」「遅い」といった抽象的な言葉で表わすことを**「定性的」**といいます。逆に、具体的な数値として表すことを**「定量的」**といいます。今回の実験のように、ネオジム磁石が落ちていく時間を測定し、計測時間で比較するのは**「定量的」**です。

今回の実験を「時間」以外で定量的に比較するとしたら、磁石の数を増やすことが考えられます。**磁石が増えれば、磁力は大きくなります。ということは、磁場の反発も大きくなり、落下スピードは遅くなるはずですが……**（右ページの「まとめ」をチェック！）。このように、1つの実験をいろいろな角度から考えてみると、新しい発見があるかもしれません。

SUMMARY
[まとめ]

金属パイプの中で磁石は磁場の反発を受けていた！

電磁誘導の法則はリニアモーターカーにも活用されています！

　今回の実験で用いた金属パイプはアルミと銅でした。アルミや銅には磁石はくっつきません。それにもかかわらず、パイプの中に磁石を落とすと、パイプにくっつくわけでもないのに磁石はゆっくりと落ちていきました。**電磁誘導によって生じた磁場が、磁石を押し戻そうとしたために、このような現象が起こった**と考えられます。

　なお、磁石の個数を変えてパイプの中に落としてみたところ、6個までは磁石を増やすごとに落下スピードが遅くなりましたが、それ以降は速くなりました。なぜ、このような結果になったのでしょうか？　これは、磁石が増えるごとに磁場は強くなりますが、**6個以上になると磁場の変化よりも質量の変化による影響が大きくなったため**と考えられます。

08

077　空中浮遊の謎を解け！

もっと知りたい！
磁石のN極・S極の起源
- QuizKnock Trivia -

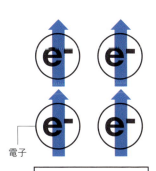

電子

同じ向きで**強め合う！**
→ 磁石

　問題です。ここに、一般的な棒磁石があります。これを真っ2つにすると、N極とS極はそれぞれどうなるでしょうか？　正解は、**「それぞれにN極とS極が生じ、小さな棒磁石が2つできる」**です。

　2つできた小さな棒磁石のうちの1つを、さらに半分に切ると……？　同じように、それぞれにN極とS極が生じた小さな棒磁石ができます。では、この分割はいつまで続くのでしょうか。気になりますよね。**実は、原子の大きさまで続きます（果てしない！）。**なぜなら、磁石のもととなっている磁場は、原子の中にある電子（e-）がもとになっているから。つまり、**N極S極の起源は原子にある**、ということができます。理論的には、NかSのどちらか1つの極しか持たない磁気単極子（モノポールともいいます）も考えることができますが、現在まで発見には至っていません。

COLUMN #08

福良拳の尊敬する科学者は？

哀愁の科学者 ティコ・ブラーエです

ティコ・ブラーエ
Tycho Brahe
(1546〜1601)

デンマークの天文学者、占星術師。大学では法律、哲学を学んでいたが、肉眼で天体観測をはじめる。1572年、カシオペア座の超新星を発見して有名に。恒星や惑星の精密な位置観測を行った。

ブラーエのここが好き！

　ティコ・ブラーエは、須貝さんの尊敬する科学者ケプラー（30ページ）の師匠です。ブラーエは、非常な熱量でもって天体を観測し、膨大な記録を残しました。当時は天体望遠鏡がまだ発明されておらず、観測は肉眼で行われていました。そうした状況にあって、ブラーエの観測記録は、肉眼による観測としては最先端の精度だったといわれています。すごくないですか？

　ただ、弟子のケプラーに比べると、ブラーエの業績は正直ぱっとしないんですよね。ケプラーは「ケプラーの法則」という自分の名前がつく法則を発見していますが、ブラーエはそうした理論を確立できていません。そんな、めちゃくちゃ頑張ったのに、地味というか、あまり光が当たってないという哀愁が、僕はたまらなく好きなんです。ただ、ケプラーとブラーエがいなかったら、地動説が認められるのはもっと遅かったかもしれません。科学史的には、2人の出会いはとても重要なんです。

09 ロウソクの火が空を飛ぶ！？

> 学べること —— 燃焼の仕組み

ロウソクに火をつけるとき、皆さんはどうやっていますか？ もちろん、ロウソクに火を近づけますよね。具体的にはロウソクの芯と火が重なるくらい。でも、もし離れたところからロウソクに火がつけられたら……。マジックみたいですごいと思いませんか？

どれもマジックっぽいけれど……

Q 下の写真を見てください。この後、マッチをどこに持っていくと火が飛び移るでしょう？

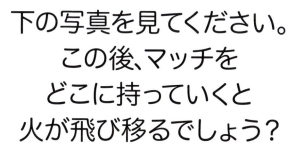
① —— ロウソクの上

ロウソクの横 —— ②

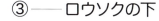
③ —— ロウソクの下

Keyword 火

「火」は、液体や気体、固体のような物質ではなく、化学反応によって熱や光が生じる現象です。このような反応を燃焼といいますが、それが続くためには酸素と燃料が必要です。そこで使われる燃料は、固体のときもあれば、液体や気体のときもあります。

A

> ヒントはすでに あったのか

正解は 「①ロウソクの上」でした。

正解は①でした！ ②、③に比べれば、①はロウソクに近いのですが、それでもロウソクの芯からは離れています。なぜ、この位置から火が燃え移るのでしょう？ QuizKnockのメンバーは超能力者だから……？ いえいえ、ヒントは前ページの写真にあります。実験をしながら考えてみましょう。

> 自分なりに理由を考えながら答えを選ぶように心がけると、科学的な頭の使い方が身につくよ。正解しても間違えても、思考のプロセスを振り返ることが大切なんです！

[用意するもの]

ロウソク　　火消し　　マッチ　　L字管

※火消し用に水も準備しておきましょう。

> 実験スタート

ロウソクに火をつけ、一度消してから火をつけたマッチを近づけます。やけどや火事などが起こらないよう、火の扱いにはくれぐれも注意してください。

1 ロウソクに火をつけ、一度消す

ロウソクに火をつけ、炎が安定したら火を消します。息を吹きかけると溶けたロウが飛び散る恐れがあるので、火消しを使いましょう。

2 ロウソクの上にマッチを近づける

ロウソクの炎が消えたらすぐに火消しを外して、マッチの火をロウソクに近づけます。芯の上空あたりを狙うのがポイント！

近づける

一度消す

燃え移った！

ATTENTION [注意]

やけどしないよう、擦ったマッチは火が上、手が下になる向きに持ちましょう。もちろん、火事にならないように水もすぐそばに用意しておこう。

09

ロウソクの火が空を飛ぶ!?

3 L字管を使って火を燃え移らせる

続いて、L字管（中が空洞になっているもの）を使って炎の飛び移りマジックに挑戦してみましょう。L字管はホームセンターなどで購入できます。

青い炎がついた

まず、マッチでロウソクに火をつけます。次に、L字管を大きめのピンチやラジオペンチなどでつかみ、片方の口を炎に近づけます（L字管は大変熱くなるので、絶対に手で持たないようにしてください）。

L字管の片方の口を、ロウソクの炎の根もと（黒く見える部分）に入れます。L字管の反対側の口から白い煙のようなものが出てきたら……。
※この実験では、前ページの実験のようにロウソクの炎を消す必要はありません。

さあ、マッチの火をL字管の口に近づけます。……なんということでしょう！ マッチの火が移り、L字管に青い炎がつきました。ロウソクの炎からは離れているのに、なぜ？ 理由は右ページの解説をチェック！

なお、L字管ではなく、まっすぐな管でも同じように火がつくはずなので、興味がある人はぜひ実験してみてください。

L字管はとても熱くなっているので、やけどをしないように注意！

[解説] STUDIES 09

なぜ離れたところから火が飛び移るのか？

> ロウソクが気化したから

ロウソクは何でできているのか？

ロウソクはロウと芯でできています。市販されている一般的なロウソクのロウは、**石油を原料とするパラフィン**と、**酸の一種であるステアリン酸が原料**となっています。ステアリン酸は高級脂肪酸の一つ。高校の有機化学で油脂の原料として習う内容です。

ロウソクはほかにも、蜜からできているもの、松脂からできているもの、櫨の実を原料とした木ロウ（和ロウソク）などがあります。

〈 和ロウソク 〉

さらに加熱され気化、燃焼

熱で溶けたロウが毛細管現象で上る

気化したロウに火がつく

実は、**ロウソクは固体の「ロウ」が燃えているのではありません**。燃えているロウソクをよく見てください。芯のまわりでロウが溶けているのがわかりますよね。液体となったロウは芯を伝わって上がり、気体となります。燃えているのは、この気体のロウなのです。

ここまで読んだら、マッチの火がロウソクに飛び移った理由がわかった人も多いはず。ロウソクの火を消した直後には気化したロウが漂っています。この**気化したロウにマッチの火が燃え移り、それが芯まで伝わっていった**というわけです。

L字管を使った燃え移りマジックも原理は同じ。気体となったロウがL字管を通って反対側の口から出てくるため、火をつけることができたのです。

[解説] STUDIES 09

ロウソクの炎のかたちは なぜ同じ？

暖められた空気はどこに行く？

ロウソクにともる炎は、風が吹かなければいつも同じかたちをしています。改めて考えてみると、不思議だと思いませんか？ けれど、これにはちゃんとした理由があるのです。

ロウソクに火をつけると、炎のまわりの空気が暖められ、暖められた空気は上のほうに上っていきます。暖かい空気は、冷たい空気よりも軽いからです。同時に、上がった分の空気を補うように下から冷たい空気が流れ込みます。この空気が炎で暖められて上へ向かって、下からまた冷たい空気が入ってきて……という流れが、ロウソクの炎のまわりでは常にくり返されています。上へ上へと向かう空気の流れ、つまりは**上昇気流によって炎はあのようなかたちになるんですね。**

暖められた空気の流れ

火を消した後

マッチ
火が飛び移る
上昇気流が残っている
気化したロウ　芯

火消し後も ロウは残っている

今回のクイズは、「マッチをどこに持っていくと火が飛び移るでしょうか」というものでした。正解は、①の「ロウソクの上」です。なぜ、ロウソクの横でも下でもなく、上なのか？　もうわかりますよね。

先ほど説明したように、ロウソクの火を消した後も、わずかな間ではありますが、気化したロウは上昇気流によって上へと運ばれています。この**気化したロウが導火線となって、ロウソクの芯に火がともったのでした。**

SUMMARY
[まとめ]

飛び移りマジックのタネは気化したロウだった!

今回の実験では、ロウソクを消した直後、ロウソクの上部にマッチの火を近づけると、マッチの火とロウソクの芯が接触していなくても芯に火がともる、という現象を観察しました。この現象を理解するために重要なのは、ロウソクの原料であるロウの性質です。

ロウは、比較的低温で溶けて気化するという性質を持っています。燃えている火によって温められ、ロウは気化します。 気化したロウは火がともっている間は火の燃料として消費されますが、火が消されたときには、上昇気流に乗ってわずかの間ロウソクの上部を漂うことになります。空気中を漂うロウに別の火をつけることができれば、今回のように火を飛び移らせることができる、というわけです。

現象にはすべて理由があるんです!

もっと知りたい!
ファラデーのクリスマス講義

- QuizKnock Trivia -

イギリスの有名な物理学者・化学者にマイケル・ファラデー(1791〜1867)という人物がいます。**ベンゼンの発見や、「ファラデーの電気分解の法則」「ファラデーの電磁誘導の法則」の発見など、物理化学の発展に大きく貢献した人です。** 物理化学の法則や原理で、その名を聞いたことがある人も多いのではないでしょうか。

ファラデーは、1860年に王立研究所というところで、"The Chemical History of a Candle"と呼ばれる有名な講演を行いました。少年少女に科学の面白さをわかりやすく説明したその講演は、ウイリアム・クルックスという物理学者によってまとめられ、**『ロウソクの科学』**として出版されました。この本は現在、日本語でも読むことができます。たかがロウソク、されどロウソク。この細いロウソクの中にも、たくさんの科学的なエッセンスが詰まっていることを、この本から楽しく学ぶことができます。

COLUMN #09

Q. 酸素がなければものは燃えないのになぜ太陽は燃えているのか？

1 内側で酸素を作り出しているから

2 そもそも太陽は燃えていない

3 太陽のまわりには地球と同じように酸素があるから

A. 正解は ❷ でした

　ものが燃える「燃焼」という現象は、酸素と燃料を消費することで行われます。ところが、太陽のまわりは真空の宇宙空間なので、酸素がありません。**実際に太陽で起こっている現象は燃焼ではないのです。**もう少し詳しく説明しましょう。マッチが燃焼するときに起こっているのは、「有機物と酸素が結びついて、二酸化炭素が発生する」という「化学反応」です。それに対して、**太陽で起こっているのは、「水素原子と水素原子が融合して、ヘリウム原子になる」という「核融合反応」**なのです。

　化学反応と核融合反応の大きな違いは、反応の前後で原子そのものが変化するかどうか。燃焼では原子同士の結びつき方が変化しますが、核融合反応では原子の種類そのものが変わります。**太陽は大きな水素の塊で、エネルギーを放出するたびにその水素の一部をヘリウムに変化させている**のです。

　つまり、「太陽が燃えている」という表現は、科学的には間違い。光を発し、大きなエネルギーを出すという類似点から、「燃えている」と表現されているのです。

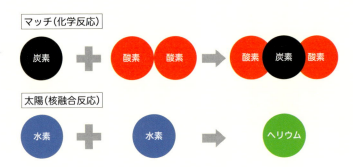

10 声のかたちを見てみよう

> 学べること ── 声の伝わり方

皆さんは「声のかたち」を見たことがありますか？ 声は空気の振動ですから、ふつうは目で見ることができません。しかし、「声のかたち」を見るための装置が、家庭にあるものを使って作ることができるのです。さまざまな声のかたちを見ていきましょう。

Q. 効率よく声のかたちが見られる物質はどれ？

どれも見られそうなイメージがあるものだよね

① 砂　　② 水　　③ 煙

Keyword　クラドニ図形

音のかたちは、ピンと張った膜や板（振動板）があれば見ることができます。振動板にあるもの（答えは88ページをチェック！）をまくと、振動によって幾何学的な模様が出現します。この模様を、ドイツの物理学者、エルンスト・クラドニにちなんでクラドニ図形と呼びます。どんな模様が浮かび上がるかは、振動や振動板に使う物質によって異なります。

正解は「①砂」でした。

「声」は、空気を伝わる振動です。なので、振動によって動かせて、なおかつかたちが安定している「砂」が正解。ただし、これからやる実験では砂の代わりに食塩を使います。ゴミ袋で作った膜に食塩をまいて膜を震わせ、食塩の濃淡から振動や波を観測してみましょう。

> この実験は砂でもできますが、今回は結果がわかりやすい食塩を使います。まずは振動板作りからスタート！

> ゴミ袋が黒色というのがポイント

[用意するもの]

ボウル

黒色のゴミ袋

食塩
（食卓塩のように水分がなくサラサラなもののほうがよい）

ビニールテープ

> 実験スタート

最初に、ボウルとゴミ袋、ビニールテープで振動板を作ります。その後、振動板に向かって声を出します。人や音源によって模様が違うことを確認していきましょう。

1 ボウルにゴミ袋を張る

　ボウルにゴミ袋を張ってテープで留め、膜を作ります。さらに、膜のすぐ下にテープを2〜3周巻き、膜をできるだけピンとさせます。

2 食塩をまき、膜に向かって叫ぶ

　振動板ができたら、膜に食塩をまんべんなく振ります。食塩が全体に広がっていればOK。さあ、これに向かって声を出してみましょう！

「ビニールテープをぐるぐるに」

ピンと張るのが大事。

「あー！」

《須貝の声のかたち》

「食塩がはねている！」

10

声のかたちを見てみよう

3 いろいろな人の声のかたちを見てみる

　選手交代してこうちゃん、伊沢にも試してもらいました。さあ、どんな幾何学模様が浮かび上がるのでしょうか？

こうちゃん

《こうちゃんの声のかたち》

伊沢

《伊沢の声のかたち》

伊沢の声のかたちは花みたい。こうちゃんの声のかたちは……??

[解説] STUDIES 10

なぜ音が伝わるのか？

「音」は空気を伝わる「波」

音は何かが震えることによって伝わっています。ふつうの会話では空気が振動し、それが鼓膜を震わせることで音が伝わります。糸電話であれば、糸の振動によって声が伝わります。このように次々と**振動によって伝わる現象を「波」といい、音も波であるといえます**。「音波」はそれを表した言葉です。

ちなみに、空気と鉄で比べると、音は鉄のほうが速く伝わります。音波の速度は体積弾性率（力をかけたときの変形しづらさ）と密度の比で決まります。体積弾性率が大きいほど速度は増します。**つまり、硬くて変形しづらいものほど、音波の速度は増すのです**。鉄は空気に比べて非常に変形しづらいので、鉄は空気よりも速く音を伝えるのです。

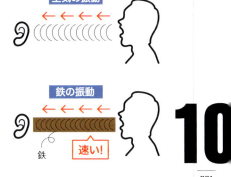

不思議な模様の正体は？

今回の実験では、音波がボウルに張った膜に伝わり、それが振動して膜の表面に波が生じています。空気の揺れが膜の揺れを引き起こしているわけですね。さて、膜の上ではさまざまな方向に進む波が生じていて、それらがお互いに強め合ったり弱め合ったりすることで、結果としてかたちの変わらない1つの波ができ上がります。これを定常波と呼び、まったく動かない部分を節、大きく動く部分を腹といいます。

定常波の腹の部分にまかれた塩は大きく弾かれ、ほかの場所に飛ばされます。一方で、節の部分にまかれた塩は動かされることなくそこに留まります。その結果、不思議な模様が描かれることになるのです。

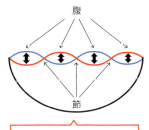

追加実験にTRY！

「吐く息で食塩が吹き飛び、それが模様になっているだけなのでは？」と思う人もいるかもしれません。そこで、風を起こさずに音を出せるスピーカーで実験！

吐く息で食塩が動いているわけではないことを調べるために、音しか出さないもの、**つまりスピーカーを使って追加実験を行います**。スピーカーから流す音については、音叉アプリを利用して一定の音程の音を鳴らすようにしました。音楽だとさまざまな音程に変化してしまい波のかたちを安定させることができず、模様を作るのに不向きだからです。

なお、音叉とは、たった1つの音程で音を出し続ける道具のこと。音叉は混じり気なしの音を出します。機械的な音なので少し気持ち悪いですが、模様ができるまでちょっと我慢しましょう。しばらくすると模様ができました！ これで、**吐く息で食塩が動いたわけではないと証明できましたね**。

この音ちょっと苦手……

スピーカーでも模様ができた！

SUMMARY
[まとめ]

音の波が振動板を震わせ声の「かたち」を作る

皆さんの「声」はどんな模様でしたか？

音は物体が振動することで伝わります。これを確かめるために振動板を作って食塩をまき、3人のメンバーが振動板に向かって声を出したところ、それぞれの声音がそのままかたちの違いとなって現れました。**空気中を伝わる振動が振動板の膜に波を引き起こし、その膜の定常波が食塩を動かした結果、模様が現れたのです。この模様はクラドニ図形と呼ばれます**。

「模様は吐く息によって食塩が動いてできたのでは？」という疑問が生じたため追加実験を実施しました。スピーカーから音叉アプリの音を発生させ、振動板に向けてみると、やはりクラドニ図形が現れました。これで、さきの模様は吐く息ではなく、音によるものであると結論づけられます。

もっと知りたい！

音を倍速にするとどうなる？

- QuizKnock Trivia -

録画したテレビ番組や録音した音声を倍速や3倍速で再生したら、音声のキーが高くなりますよね。これは、1秒当たりの波の数が増えたから。**1秒当たりの波の数を周波数といい、2倍速で再生すると周波数も2倍になります。**

たとえば、440Hz（ヘルツ）の音（ドレミファソラシドのラの音を想像してください）を100倍速にすると、44000Hzの音になります。人間が聞くことのできる音の周波数（可聴領域などといいます）はおよそ20〜20000Hzといわれていますので、この音はまったく聞き取ることができません。「100倍速ってどれぐらい？」と思った人は、QuizKnockのYouTube動画「【世界最速クイズ】100倍速クイズ！ 聴力と頭脳が試される戦い」をぜひ見てください。笑えるくらい聞き取れませんよ（笑）。

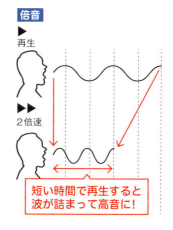

波には縦と横がある？

実は、**波には「縦波」「横波」の2種類があります。**横波は、波と聞いて皆さんが思いつくかたちの波です。波が進んでいく方向に対して垂直方向に、つまり、上下または左右にものが動くのが横波です。水面にできる波や、ロープの端をつまんで上下あるいは左右に動かしたときにロープに伝わる波は横波です。

縦波は、波が進んでいく方向と同じ向き、つまり前後方向にものが揺れる波のことです。縦波はよく、「スリンキーというバネのおもちゃを前に押し出したときの動き」にたとえられます。音波や地震のP波は縦波に分類されます。**音は縦波ですが、実験で振動板の膜に生じた波は横波でした。空気がボウルや膜を揺らすときに、縦波から横波に変換されたのですね。**

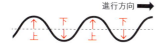

※赤い矢印は振動の方向を表す。

COLUMN #10

こうちゃんの尊敬する科学者は？

> 宇宙飛行士の向井千秋さんです！

向井千秋

むかい　ちあき
（1952～）

1977年慶応義塾大学医学部を卒業し、心臓外科医になる。1985年、宇宙開発事業団（現・宇宙航空研究開発機構JAXA）の宇宙飛行士に選出され、1994年と1998年に宇宙飛行を経験した。現在は東京理科大学の特任副学長のほかJAXA特別参与、富士通取締役を務める。

向井さんのここが好き！

　正確には、向井千秋さんは科学者とはいえないのかもしれません。医師ですから。ただ、「好きな科学者は？」と聞かれて真っ先に思い浮かんだのが向井さんでした。僕は群馬県館林市の出身で、向井さんも同じ群馬県館林市の出身。東京に比べると決して都会とはいえない地元から、宇宙飛行士が輩出されたというのは、やはりうれしいんですよね。地元にある「向井千秋記念子ども科学館」には、何度も足を運びました。
　向井さんは、1985年に毛利衛さん、土井隆雄さんとともに宇宙飛行士に選ばれました。それから厳しい訓練を経て、1994年7月にスペースシャトルで宇宙に行くことになります。心臓外科医から宇宙飛行士への転身、さらには、日本初の女性宇宙飛行士（当時）ということで、大きなニュースになりました。さらに、1998年には再び宇宙に飛び立っています。地元が同じという、ただそれだけの縁なんですけど、とても尊敬しています。館林から宇宙へ……。夢がありますよね。

11 風船を石にする魔法を使ってみた

学べること ── 圧力と分子構造

小さいころに遊んだゴム風船。とがったものにぶつけると、すぐ割れてしまいますよね。それが釘を当てても割れない、逆に手でなでるだけで割れる、となったら不思議だと思いませんか？　今回はその仕組みを科学で解明していきます。

Q 釘に押し当てても割れなかった風船が、手でなでるだけで割れてしまいました。どうして？

割れない！

Keyword リモネン

リモネンはオレンジやレモンの皮に含まれる成分。d-リモネンと、それと鏡写しになった構造を持つℓ-リモネンとがあります。前者は天然のレモンの香りがしますが、後者はほとんどレモンの香りがしません。そのためリモネンは、「分子構造で鏡写しの関係にあるものが、まったく違う性質を示すよい例」として挙げられることが多いです。

正解は「手にゴムを溶かす働きをする洗剤を塗っていたから」。
ちょっと難しかったでしょうか。

　まず、風船にはなんのしかけもありません。ただのゴム風船です。もちろん、釘にもなんのしかけもありません。では、釘で割れなかった風船がなぜ、手で触れるだけで割れたのでしょうか？　実は、手にゴムを溶かす働きがある洗剤を塗っていたからなのです。

> 謎は2つ。釘に押し当てても割れないのはなぜか？　洗剤を塗った手で触れると割れたのはなぜか？　順に実験をしながら理由を考えていきましょう！

[用意するもの]

ゴム風船

板に釘を20本程度
つけたもの
（接着剤で貼りつける）

オレンジオイル
配合洗剤

オレンジオイル
配合が
ポイントです

> 実験スタート

今回の実験は2つ。まずは、釘の本数と風船が割れる関係を実験しながら調べます。その後、風船をなでるだけで割ることを可能にする、洗剤の謎に迫っていきましょう。

1 釘で風船が割れるか実験してみる

風船を2個用意します。1つは、机の上に置いた1本の釘に、もう1つは、板にたくさんの釘を貼りつけたものに押し当てます。

《釘1本の場合》

まずは釘1本の実験から。とがっているほうが上になるように釘を置き、そこに風船を押し当てると……。もちろん割れました！

ATTENTION [注意]
釘で手をケガしないように！

《釘の束の場合》

次は、20本程度の釘に風船を押し当てます。「先端はとがっているわけだし、当然割れるでしょ」と思いきや、割れません。

ちょっと力を入れても割れない。なんで？

2 手にオレンジオイルをつけて実験してみる

続いては、洗剤を使った実験です。やり方はとっても簡単。手のひらにオレンジオイル配合の洗剤を塗るだけ。これで準備完了です。

手のひらにオレンジオイル配合の洗剤を出します。両手をこすり合わせて手のひらにまんべんなく広げます。手に取る量は適量でOK。

風船を抱えて、手のひらでやさしくこすります。洗剤を風船に塗り込むイメージです。しばらくすると……割れました！

3 オレンジの果汁でも挑戦！

ちょうどオレンジがあったので、「オレンジ」つながりで、オレンジの果汁でも同じ現象が起きるのか試してみました！

適当にカットしたオレンジを風船の上でしぼります。力の限り、果汁をしぼり出し風船に塗り込みます。待つことしばし……見事に割れました！

[解説] STUDIES 11

釘の束では割れず、洗剤で割れるのはなぜか?

釘1本と釘20本「点」が「面」になり、圧力が小さくなった

　釘の先端は鋭くとがっていて、面積は非常に小さくなっています。小さい面積に力を加えると、その部分に大きな圧力が加わります。**圧力とは、面を押しつける作用のこと**。圧力＝（力の大きさ÷面積）で求められます。このことから、**同じ力でも面積が小さくなれば圧力は大きくなり、面積が大きくなれば圧力は小さくなる**ことがわかります。手のひらにシャープペンシルのとがったほうを押し当てたときと、後ろの平らなほうを押し当てたとき、どちらが痛みを感じるでしょうか？　前者ですよね。とがっているほうが面積が小さくなるので、その分だけ圧力が大きくなって強い痛みを感じるのです。

　今回の釘と風船の実験も原理は同じ。釘1本のときは面積が小さく圧力が大きくなるため、簡単に割れます。釘が硬い板にも刺さるのは、先端の面積が小さいおかげなのです。一方、釘を20本程度束ねた場合の先端の面積は、釘1本のときに比べて20倍になります。**「点」だった釘の先端が集まって、「面」といえるほどに面積が広がったことによって、圧力が分散されました**。ゆえに、同じ力を加えても割れなかったというわけです。

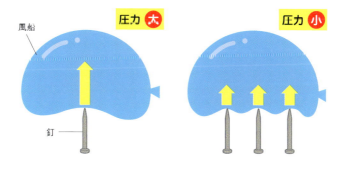

[解説] STUDIES 11 | 釘の束では割れず、洗剤で割れるのはなぜか？

オレンジオイルで風船が割れる理由

　オレンジオイルとは、オレンジの皮から抽出した油分のことです。柑橘類の皮には「リモネン」という名前の成分が含まれていて、オレンジオイルにもリモネンが含まれています。**リモネンにはゴムを溶かす性質があり、ゴム風船に塗ると風船の壁が薄く、弱くなります。その結果、ゴム自身の縮もうとする力に耐えられなくなり、風船が割れてしまうのです。**リモネンはオレンジのほか、レモン、グレープフルーツ、ミカンなどにも含まれています。これらの果汁でも風船が割れるかどうか、ぜひ試してみてください。

　また、オレンジオイルには発泡スチロールのようなプラスチックを溶かす働きもあり、発泡スチロールのリサイクルにも活用されています。プラモデルなどのプラスチック同士を接着するのにもよく利用されています。そして、油汚れをよく落とすため、洗剤にも配合されているのです。リモネンは天然由来の成分。体に無害なのもうれしいポイントです。

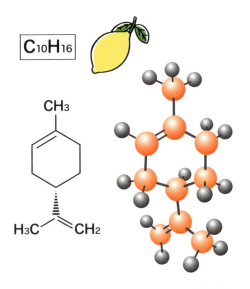

リモネンの構造

SUMMARY
[まとめ]

風船が割れる理由は圧力と分子構造にあり！

今回は風船を割るというテーマで2つの実験を行いました。釘を用いた実験では、1本の釘に当てたときには簡単に割れる風船が、釘を20本程度並べたところに押しつけても割れないという現象が観測できました。ここから、**「同じ力を加えたときの圧力は、面積が小さいほど大きく、面積が大きいほど小さくなる」**という法則を、身をもって学ぶことができました。

オレンジオイル配合洗剤を用いた実験では、洗剤を表面に塗るだけで風船が割れることが判明しました。これは、**オレンジオイルに含まれるリモネンという分子がゴムを溶かす性質を持っている**ためです。1つのテーマで圧力と分子構造について学べる、一石二鳥の実験となりました。

風船以外のゴム製品で実験してみても面白いかも！

もっと知りたい！
分子構造が似ていると溶ける？

- QuizKnock Trivia -

リモネンにはゴムを溶かす性質があると説明しました。**リモネンがゴムを溶かすことができるのは、リモネンとゴムの分子構造が似ているから……**と説明されることがあります。ある2つの物質が溶けるか、溶けないかの基準の一つに**「極性」**というものがあります。

分子を構成する原子はそれぞれ電気的な性質を持っています。ひとつ一つの原子が持つ電気的な性質を、分子全体で見たときのプラス・マイナスの偏りの度合いを極性といいます。たとえば、水は極性がある分子で、油は極性がない分子です。ご存じのとおり、水と油は互いに溶け合いませんが、これは水分子と油分子で極性の有無という違いがあるからです。

極性は分子の幾何学的な構造に大きく左右されるので、**分子構造が似ていると極性も近くなり、結果として溶けやすくなります。リモネンとゴムは分子構造が似ていて極性が近いため、風船が割れた**というわけです。

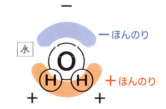

水 －ほんのり ＋ほんのり

ガソリン(イソオクタン) 偏りなし

COLUMN #11

山本祥彰の尊敬する科学者は？

万能の天才ガウスです！

カール・フリードリヒ・ガウス

Carl Friedrich Gauss
(1777〜1855)

ドイツの数学者、天文学者、物理学者。アルキメデス、アイザック・ニュートンとともに「世界三大数学者」と呼ばれる。1801年に発表した『整数論考究』は、ガウスの多くの業績の中でも最大のものとされる。

ガウスのここが好き！

　ガウスはありとあらゆる分野で業績を残した人物です。「科学界におけるレオナルド・ダ・ヴィンチ」といえば、その偉大さが少しでも伝わるでしょうか。数学、物理学を中心に、森羅万象を研究したといっても過言ではありません。だから、大学の授業では「ガウス」の名前を何度も聞きます。ガウスの法則、ガウスの定理、ガウス平面、ガウス関数、ガウス積分……。「またガウスだ。いったいどのガウスなの？」と調べてみると、結局、カール・フリードリヒ・ガウスなんです。ウィキペディアに「カール・フリードリヒ・ガウスにちなんで名づけられたものの一覧」というページがあるので、ぜひ見てみてください。ガウスのすごさがわかりますから。
　このガウス、幼いころから非凡だったようです。小学生のときに「1から100までのすべての数字を足した和は？」という問いを即座に解き、先生を驚愕させたという逸話が残っています。「天才」の一言はこの人のためにある。そう思っています。

12 雲を作り、天気を操りたい

学べること ── 雲発生のメカニズム

「今日は雲っているけれど、明日は晴れないかなぁ」と思ったこと、ありませんか？　もし、天気を操ることができたら……。まるで神様のようですね。今回は、雲を実際に作ってみて、雲のメカニズムについて考えていきましょう。

Q 雲が発生しやすい状況とはどれでしょうか？

① 湿度が高くて、温度が高い
② 湿度が高くて、温度が低い
③ 湿度が高くて、ほこりっぽい

> どんなときに雲が発生しているかな？

Keyword 凝結核（ぎょうけつかく）

　雲や霧は、水蒸気が水滴へと凝結することで発生します。ただし、水蒸気が水滴になるためには、水蒸気が集まるための核となるものが必要です。この核のことを凝結核といいます。凝結核がない場所では、雲や霧はできません。では、凝結核の正体とは何か？　ちなみに、凝結核の正体は1つではありません。答えは107ページの解説で！

正解は「③湿度が高くて、ほこりっぽい」でした。

正解は③。それにしても、「湿度が高い」という条件は感覚的に理解できる気がしますが、「ほこりっぽい」ことと雲の発生の間には、いったいどんな関係があるのでしょうか。実験しながら考えてみましょう。答えがわかったとき、あなたも天気を操れるようになる……かも?

クイズの答えから察するに、雲を作るには、湿度が高くてほこりっぽい空気が必要なようですね。とりあえず、ミニチュアサイズの雲を作ってみましょう。

[用意するもの]

ペットボトル

ペットボトルは炭酸飲料が入っている丸いものを使うと、中が見やすいですよ

線香

ぬるま湯

実験スタート

「雲を作る」というとかなり難しそうですが、やり方はとても簡単。ペットボトルに少量のぬるま湯と線香の煙を入れたら、準備は完了です。あと必要なのは、腕力のみ！

1 ペットボトルにぬるま湯を入れる

空のペットボトルに40℃くらいの少量のお湯を入れます。お湯の温度、量ともに、それほど厳密でなくてもかまいません。

2 線香の煙を入れる

1本の線香に火をつけて、ペットボトルの中に煙を入れます。煙を入れる時間は10秒くらいでOK。ペットボトルのふたを閉めます。

40℃くらい

ペットボトルの中は水蒸気と煙。

ATTENTION [注意]
火を使うときは十分注意して

3 ペットボトルを ギュッと握る

ペットボトルを両手で思い切りつぶしたら、手の力をゆるめてペットボトルのかたちを急いで戻します。雲（的なもの）ができました！

思い切り
押しつぶして！

エイッ！

天気を操る
神誕生！

[解説] STUDIES 12

雲はそもそも何でできているのか？

雲の定義について

はじめに、雲の定義について確認しておきましょう。雲とは、**「上空にあり、水滴が集まったもの」**をいいます。気体である水蒸気が集まったものではなく、液体である水滴が集まったものが雲。ここ、ポイントです。しっかり覚えておいてくださいね。

空気中にある水蒸気は、空気中にあるちりやほこりなどの微粒子とくっついて水滴となります。**水蒸気がくっつくちりやほこりを、少し難しい言葉で「凝結核」といいます。**実は、雲が目に見えるのは凝結核のおかげ。水蒸気のままでは見ることができません。ちなみに、凝結核となる小さな粒子を、英語で「エアロゾル」といいます。

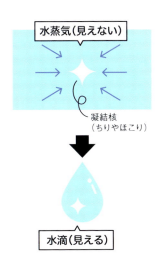

線香の煙を入れた理由

さて、雲ができる原理がわかったところで、今回の実験において、ペットボトルの中で何が起きていたのかを順を追って確認していきましょう。

実験ではまず、ペットボトルにぬるま湯を入れました。これは、ペットボトル内の水蒸気の量を増やすため。雲ができやすい環境を人工的に作ったというわけです。続いて、線香の煙を入れました。なんのためか、もうわかりますよね。そう、**「凝結核」**にするためです。**水蒸気と凝結核が封入されたペットボトルの中は、空とよく似た状態**となっています。ただ、これだけでは雲はできません。**圧力をいったん高める必要があります。**

[解説] STUDIES 12 | 雲はそもそも何でできているのか？

圧力を高めると温度が上がる

　実験では、ペットボトルを両手で思い切り押しつぶしました。これは、ペットボトルの中の圧力を高くするためです。圧力が高くなると、ペットボトル内部の温度も高くなります。**温度が高くなったことにより、ぬるま湯の一部が蒸発し、内部の空気に含まれる水蒸気の量が増えます**。なお、1㎥の空間に存在できる水蒸気の限界質量を**「飽和水蒸気量」**といい、飽和水蒸気量は温度が高くなると大きくなり、温度が下がると小さくなります。

　両手で押しつぶすことでペットボトルの内部は一時的に圧力と温度が上がり、飽和水蒸気量が大きくなっています。この状態から、ペットボトルを押す手の力をゆるめてボトルをもとのかたちに戻すと雲ができました。ペットボトル内部では何が起こっていたのでしょうか？

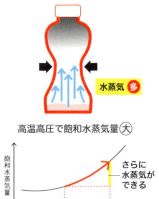

限界を超えた水蒸気の行方

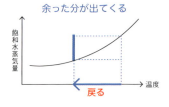

　ペットボトルをもとのかたちに戻したとき、内部の圧力は低くなり、それにより温度が低下して飽和水蒸気量も小さくなります。つぶしたときと逆のことが起きるわけですね。

　飽和水蒸気量が小さくなったということは、ペットボトル内部に存在できる水蒸気の限界量が減ったということです。では、限界を超えてしまった水蒸気はどこにいったのか。ふたをしているので外部にもれ出たわけではありません。ということは……？　そう、雲です。飽和水蒸気量が小さくなったせいで、**水蒸気の一部はそのままでは存在できなくなり**ました。そこで、**線香の煙という凝結核にくっついて水滴となり、雲になったのです**。

SUMMARY
[まとめ]

雲作りのポイントは「過飽和状態」にあり！

上手に雲を作れましたか？

今回の実験のポイントは2つ。①凝結核を用意すること、②水蒸気が凝結核とくっつくよう促すことでした。ここでは、②についてもう少し説明します。

水蒸気が凝結核にくっつくようにするには、ペットボトル内を「過飽和状態」にする必要がありました。過飽和状態とは、飽和水蒸気量を超えて空気中に水蒸気が発生している状態のことです。ペットボトルを押しつぶしたのは、内部の圧力と温度を上げ、ぬるま湯の蒸発を促して水蒸気量を増やすため。この状態をいったん作ってから、すぐに手を離し、ボトル内を「常温常圧状態」に戻します。すると、飽和水蒸気量が小さくなり、ボトル内の水蒸気量が飽和水蒸気量を超過します。過飽和状態になって、雲ができるというわけです。

もっと知りたい！

空にある雲はどのようにできているのか？

- QuizKnock Trivia -

空にある雲はなぜ雲になったのでしょう？　太陽光などで暖められた地表近くの空気（水蒸気含む）は、ちりやほこりとともに上昇します。上空に行くほど温度は下がり、気圧も低くなります。「解説」でも触れたように、温度が低くなると飽和水蒸気量は小さくなります。すると、**飽和水蒸気量を超えた水蒸気がほこりやちりなどの凝結核にくっついて水滴になる**のでした。そして、それらがまとまることで雲になります。ペットボトルの中で起きた現象とほとんど同じことが起きているんですね。

凝結核となる物質がまったくないところ、つまり、**空気がとてもきれいな場所では雲はできません**。霧も同様です。また、冬に息を吐くと息が白く見えますが、これも、空気中のほこりやちりに水蒸気がついて生じたもの。南極のように空気中にほこりやちりがほとんどない場所では、あれほど寒いにもかかわらず息が白くなることはないのです。

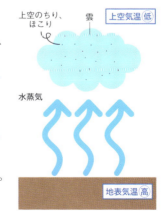

COLUMN #12

QuizKnock が読み解くこれからの科学 ①

theme1 — 疑似科学とSNS

　デジタル大辞泉に、疑似科学とは、「いかにも科学的であるように見えるが、科学的根拠がなく、実証も反証もできない事柄。例えば、血液型と性格の関係など」とあります。近年、疑似科学が広がるスピードや規模が、アップしているように感じています。これは一つに、SNS等で情報を発信しやすくなったということもあると思います。疑似科学はわかりやすく、流行りやすい要素を持っているので拡散されやすい。SNSと非常に相性がいいんです。また、「半分は正しいけれど、半分は科学的根拠がない」というようなケースも多々あるので厄介です。一方で、本物の科学は、理解するのに前提知識が必要だったりして、伝わりにくい部分があります。
　おそらく、疑似科学は今後もなくならないでしょう。だからこそ、僕たちのようにSNSで発信している人間は、意図せず疑似科学の喧伝に携わるようなことがあってはいけないと思いますし、いざというときには、正しい知識でもって警鐘を鳴らしていかなければならないと考えています。

theme2 — AIと科学

　最近よく耳にする「AI」とは「Artificial Intelligence」の略で、「人工知能」を意味します。AIの研究は、もともとは計算機科学という分野で始まりました。数式を解いたり、数学の問題を証明したりということにもAIが使えるようになったおかげで、数学は過去にないスピードで発展してきています。

　これは、ほかの学問分野でも同じです。紙とペンで計算していた時代とは発展のスピードがまるで違います。これからも新しい発見や進化が次々となされることでしょう。それはとても喜ばしいことですが、怖さも感じています。たとえば、人間のクローンを作ることは倫理的、道徳的に許されないと思いますが、そうした価値観もいつか変わってしまうかもしれません。そうなったとき世界はどうなるのでしょうか？

13 コーラを煮詰めていったら何が残る？

学べること ── 砂糖と人工甘味料の違い

　皆さん、コーラは好きですか？　僕は筋トレをしているので、ゼロコーラをよく飲んでいます。そんなときにふと思うのが、コーラとゼロコーラは甘さがほとんど変わらないのにどうしてカロリーや糖質がゼロなのか。中身はいったい何か。今回は2つの中身の違いを調べてみたいと思います。

コーラとゼロコーラの中身、違いを調べるにはどうしたらいい？

味で比べるとか？

Keyword　蒸留

　いろいろな物質が混ざったものを一度蒸発させて、その気体を冷やして凝縮させることで成分を分離、濃縮する手法を蒸留といいます。たとえば、エタノールと水の混合物（酒など）を火にかけたとき、エタノールの沸点が水より低いためにエタノールが先に気化します。その気体を冷やせば濃度の高いエタノールが得られます。

正解は「コーラとゼロコーラの両方を加熱して、炭酸と水分を飛ばす」でした。

2つのものの「違い」を比べるときは、まず、「共通点」から考えてみましょう。では、コーラとゼロコーラの共通点といえば……？　すぐに思いつくのは「炭酸水であること」ですよね。そこで、共通点である炭酸水を、加熱して飛ばしてみることにします。

「炭酸水という共通点を取り除けば、コーラとゼロコーラの違いが明らかになるのでは?」と考えたわけです。さて、この推測が当たっているかどうか、一緒に確認してみましょう。

[**用意するもの**]

コーラ
500ml

ゼロコーラ
500ml

フライパン

蒸発させるまで加熱するので、フライパンは焦げつきにくいものがいいですよ

※混ぜる時用に、ゴムや木でできたヘラなどもあると便利です。

> 実験スタート

やることは非常にシンプル。コーラとゼロコーラを順番に熱して、炭酸と水分が抜けた後に何が残るのかを比較します。目を離すとあっという間に焦げつくので注意しましょう。

1 コーラとゼロコーラを用意する

メーカーによって内容物が違う可能性があるので、ふつうのコーラとゼロコーラは、どちらも同じメーカーのものを用意します。

2 ゼロコーラを火にかける

まずは、ゼロコーラをフライパンに注いで火にかけます。かき混ぜながら、炭酸と水分が蒸発するまで加熱し続けます。

減ってきた！

ほとんど何も残ってない！

ATTENTION [注意]

炭酸と水分が飛んでコーラの量が少なくなると、大変焦げつきやすくなります。焦げつくとフライパンがだめになったり、空焚き状態から火事になったりする恐れがあるので、くれぐれも注意してください。実験中はフライパンから決して目を離さないこと！

13

113

コーラを煮詰めていったら何が残る？

3 ふつうのコーラを火にかける

続いてふつうのコーラを火にかけます。ゼロコーラと同様に、かき混ぜながら炭酸と水分が蒸発するまで加熱し続けます。

《ゼロコーラ》

《ふつうのコーラ》

残った水飴状のものとコーラ1本分の砂糖の量を比べると……？

[解説] STUDIES 13

なぜゼロコーラは何も残らなかったのか

ゼロコーラには砂糖がほとんど含まれていない

右の2枚の写真を見てください。上がゼロコーラ、下がふつうのコーラです。その違いは一目瞭然ですよね！ 加熱して炭酸と水分を蒸発させた結果、ゼロコーラにはほとんど何も残りませんでした。一方、ふつうのコーラではドロドロとした水飴状のものが残りました。

この結果からわかるのは、**「ゼロコーラの成分は、ほとんど水と炭酸だった」**のに対して、**「ふつうのコーラには、水と炭酸以外の成分がたくさん入っている」**ということです。それぞれの栄養成分表示を見てみると、ゼロコーラは炭水化物、たんぱく質、脂質、食塩相当量のいずれもが0gでした。ふつうのコーラは炭水化物が11.3g、そのほかは0gでした（ともに100ml当たり）。

ゼロコーラ

ふつうのコーラ

コーラに含まれる砂糖の量は？

炭水化物は、糖質と食物繊維で構成されています。成分表示には食物繊維の量は明記されていませんでしたが、食物繊維を多く含まない飲料であれば、炭水化物の量＝糖質量と考えていいでしょう。砂糖は糖質の一部です。ややこしいので、ここでは炭水化物の量＝糖質量＝砂糖の量と仮定します。

加熱したコーラの量は500mlでした。つまり約57gの砂糖が入っていたということになります。一方、ゼロコーラの炭水化物量は0gです。以上から、フライパンに残った水飴状のものは、砂糖と、少量の水分と考えてよさそうです。

コーラ1本に含まれている砂糖の量

[解説] STUDIES 13 | なぜゼロコーラは何も残らなかったのか

砂糖と人工甘味料の違い

　ふつうのコーラには砂糖が入っていて、加熱することで砂糖と水分が水飴状となり、フライパンに残りました。一方のゼロコーラは何も残りませんでした。でも、コーラもゼロコーラも同じくらい甘いですよね。どうしてでしょうか？
　実はゼロコーラには、砂糖の代わりに人工甘味料が使われています。人工甘味料の中には、糖質0で、甘さは砂糖の数百倍というものがあります。
　つまり、人工甘味料を使って砂糖入りのコーラと同じくらいの甘さを再現する場合、実際に使う人工甘味料の量は、砂糖の数百分の一でいいことになります。ゆえに、ゼロコーラを煮詰めたときには、ほとんど何も出てこなかったのだと考えられます。

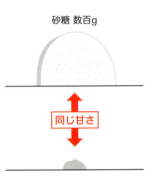

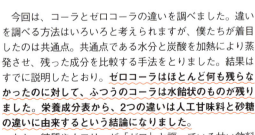

人工甘味料はさまざまな食品に使われています

ゼロコーラが甘いのは人工甘味料のおかげだった

　今回は、コーラとゼロコーラの違いを調べました。違いを調べる方法はいろいろと考えられますが、僕たちが着目したのは共通点。共通点である水分と炭酸を加熱により蒸発させ、残った成分を比較する手法をとりました。結果はすでに説明したとおり。**ゼロコーラはほとんど何も残らなかったのに対して、ふつうのコーラは水飴状のものが残りました。栄養成分表から、2つの違いは人工甘味料と砂糖の違いに由来するという結論になりました。**
　なお、糖質やカロリーが「ゼロ」と謳っている甘い飲料にはたいていなんらかの人工甘味料が入っています。人工甘味料には、糖質だけでなくカロリーが少ない、あるいは0kcalのものもあり、さまざまな製品に使われています。

[解説] STUDIES 13

さらに実験をするなら……

ふつうのコーラを煮詰めたら、砂糖と水分が水飴状になって残りました。今回の追加実験は、この水飴状のものを使います！

コーラに戻してみる

ふつうのコーラを煮詰めて残った水飴状のものの正体は、砂糖とわずかな水分だと考えられます。これを見てひらめきました。**「煮詰めてできた水飴状のものに炭酸水を注いだら、コーラに戻るんじゃないか？」**と……。

● コーラ＝加熱して飛んだ炭酸水＋残った水飴状のものであるなら、
● 残った水飴状のもの＋炭酸水＝コーラになるのでは？　と考えたわけです。
あんまりうまくいきそうな気配がありませんが（笑）、とにかくやってみましょう。

炭酸水を入れて♪

泡がすごい！

《実食》

う〜ん、渋い！

気になるお味は？

まずは、水飴状のものが残ったフライパンに炭酸水を加えて混ぜてみます。……水飴が冷えて固まってしまっていて溶けないので、加熱しながら混ぜ、必死に溶かします。完全には溶けませんでしたが、「コーラらしきもの」にはなりました。これをなめてみたナイスガイ須貝の感想は、**「炭酸が抜けた、焦げたような渋いぬるま湯」**というものでした（有り体にいうなら、マズイ）。

「そりゃそうでしょ！」「実験なんかしなくても予想できたよ」。そんな声が聞こえてきそうです。確かにそのとおりなのですが、YouTubeのどこを探しても同様の実験をしている動画が見当たらなかったので、僕たちがやってみることにしたのです。誰もやってない実験をやることに意義があるのです。

牛乳や母乳は血から作られているのに色が赤くないのはなぜ？

 赤い色素を持つ赤血球が含まれていないから

 白い色素を持つ白血球がたくさん含まれているから

 空気に触れると成分が変化して色が変わるから

 正解は ❶ でした

　牛乳やヒトが出す母乳。その主な材料は血液です。牛もヒトも、血液といえば赤。しかし、そこから作られる乳は白く見えます。不思議ですよね。
　そもそも**血液が赤いのは、ヘモグロビン色素を含む赤血球が赤いため**。そして、乳が赤くないのは、赤血球を含まない血液の成分（つまり赤くない）を材料としているからなのです。ここで、新たな疑問がわきます。<u>なぜ、牛乳は白く見えるのか？</u>
　実は、その答えのヒントが59ページに書かれています。**「物体が様々な光を反射すると白**、まったく光をはね返さず、すべてを吸収すると黒に見えます」というくだりです。乳には、脂肪分やタンパク質が多く含まれます。これらの成分は、細かい粒子を作って液体中に分散しています。**分散した粒子に当たった光は散乱し、結果として、様々な光がそこから跳ね返ってくることになります**。そのため、私たちの目には白く見えるというわけ。白い色素が溶けているからではないのです。

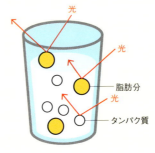

光を多く反射するので白く見える！

14 1段ルービックキューブを解いてみよう

学べること ──── 対称性

ルービックキューブで遊んだことはありますか？ 1つの面をそろえるだけでも、かなり難しいですよね。現在では、立方体でなかったり、1段になっていたりと、さまざまなかたちのルービックキューブが発売されています。今回はこれを使ってみましょう。

ここに1段
ルービックキューブがあります。
この状態からそれぞれの面を
同じ色でそろえるためには、
どのように動かしたらいいでしょうか？

Keyword 対称的なかたち

パズルを解くときなどに、「対称的なかたちをしてないか？」と考えてみると、スッキリと理解できることがあります。ルービックキューブのようなパズルを解こうと思ったとき、左右対称なかたちを見つけられたらもうけものです。右側をうまく変えることができれば、後はそれと同じことを左側でもやればいいだけですからね。

> 3×3×3は難しい人でも3×3×1ならできるはず!?

> 正解は……。早速解いて、一緒に手順を見ていきましょう。

START
スタート！

1回転め

2回転め

1の写真と同じように、表裏の色が1か所違う状態からスタート！　まずは側面の色に着目して4色が綺麗に揃うように回転させましょう。側面が全て揃うと**4**の形になりました。これは左右対称な形をしています！　ここからは左右対称に動かしていきましょう。左手前を回したなら右手前を回す。以下、写真の通りに**10**まで進めると、すべての面で色がそろうはず。後半では2手ずつ対称に回転させたことに気づいてもらえると思います。

4

3回転め

\ ここで左右対称な /
かたちになった！

5

4回転め

6

5回転め

7

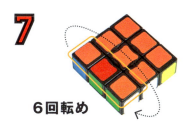

6回転め

8

7回転め

9

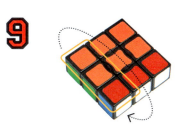

8回転め

10

9回転め＝**完成！**

「対称性」ということを意識して動かしていくと……

SUMMARY
[まとめ]

構造を把握することが完成への近道！

最終局面になったときほど構造の理解が大切

　1段ルービックキューブをやっていると、最終局面で119ページの写真のような状態になり、「ここのブロックの色がそろえば完成なのに、なかなかそろわない！」と地団駄を踏みたくなることが多々あります。そんなときに役に立つのが「**対称性**」という考え方です。**ルービックキューブのような規則的なパズルであれば、そろえたいブロックを左右対称になるような向きで見たとき、操作も左右対称に行う必要があります。**

　もちろん、やみくもに動かすうちに偶然に完成することもあるでしょう。ですが、「対称性」に注目するなど、考えるための手がかりをしっかりと意識して構造を理解しながら行うと、より効率よく完成できるようになるはずです。

もっと知りたい！

ルービック

- QuizKnock Trivia -

　ルービックキューブの「ルービック」とは、このパズルを考案した人物の名前です。ハンガリーの建築家であり、発明家でもあるエルノー・ルービックは、ドナウ川の流れについて考えるなかで、1974年にこのルービックキューブのアイデアを思いついたといいます。

　その後、ルービックキューブは知能パズルの代名詞的な存在として世界中に広まり、今では世界大会が開催されるほどになりました。ちなみに、一般的な形式のルービックキューブ（3×3×3）での**世界記録（解きはじめてからすべての面をそろえるまでの時間）はなんと3.47秒**！ ふつうの人が1回ひねってみるくらいの時間で解いてしまうのです。さらに余談ですが、QuizKnockのメンバーに1段ルービックキューブをいきなり解いてもらうと、最速は伊沢の8秒でした！ その様子はQuizKnockのYouTubeチャンネルにアップしているので、興味がある人はぜひ見てくださいね。

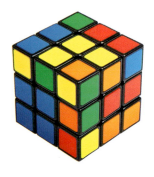

15 東大生がはじめての「元素でお買いもの」

学べること ── 元素

　突然、「ストロンチウムが含まれているものを買ってきて！」とお願いされたら、皆さんはどうしますか？　どんなものに含まれているのか、想像がつかないかもしれません。元素名だけを与えられて買いものができるか。QuizKnockのメンバーならできるはず！

身近にある「役に立つもの」は「どんな元素で成り立っているのか」。科学の勉強で得た知識を、日常の景色に重ね合わせて考える思考実験として今回は「元素でお買いもの」をやってみました。皆さんも「今日の元素」を決めて買いものをしてみては？　知識と生活が結びつく瞬間に出会えるのも、勉強の楽しさの一つですね。

MISSION
［指令書］

① 制限時間は1時間
② 予算は1万円以内
③ 同じものを2つ持ってくるのは禁止
④ スマートフォンは使用禁止
⑤ もともと持っている私物はNG

買ってきたアイテムは、すべて正解でした（さすが！）。ただ、クイズ王伊沢も、アンチモンとスカンジウムが含まれる市販品を時間内に見つけることはできませんでした。ちなみに、アンチモンの酸化物はカーテンなどを燃えにくくする素材として、スカンジウムは金属バットなどに用いられています。

買ってきたアイテムは、すべて正解でした（すごい！）。山本が買えなかったセリウムには紫外線を吸収する働きがあり、サングラスなどに使われています。もう一つのジルコニウムは、セラミック製の包丁などに用いられています。意外と身近な元素なんですよ。

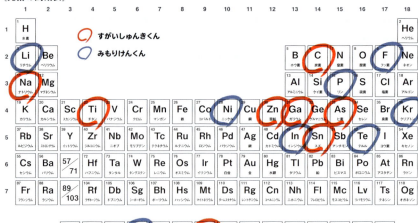

《元素の周期表》

すがいしゅんきくん
みもりけんくん

C	炭素		Ti	チタン
Zn	亜鉛		As	ヒ素
Na	ナトリウム		Ga	ガリウム
Sn	スズ		Eu	ユウロピウム

すがいしゅんきくんのお買いものメモ

汗をかいたらスポーツドリンクでナトリウムを補給しようね

ガリウムはLEDに入ってなかったかなー？

炭素はダイヤモンドにも入っているけど、予算があるので今回はおにぎりで

チタンで肩こり治るかな？

パッケージに大きく書いてあると探しやすいよねー

スズといえばはんだですね。工作系男子ならわかるはず！

買ってきたアイテムはすべて正解（やるね！）。須貝は、「ガリウムとヒ素は半導体に電気を流すために使われる」という持ち前の知識から、ヒ素の枠で半導体を用いたアンプを、ガリウムの枠でLEDライトを買ってきました。唯一買えなかったユウロピウムは、目覚まし時計の蛍光塗料などに使用されています。

三守も、買ってきたアイテムに関してはすべて正解でした（おめでとう！）。唯一買えなかったネオジムは、ホウ素との合金で強力な磁石になるため、スピーカーやイヤホンなどの音響機器、そして病院で使われるMRIなど幅広く用いられています。音響機器はともかく、MRIは個人では購入できませんよね。

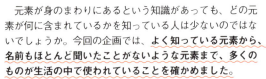

元素に親しみがわいたのでは？

周期表だけじゃない！
元素はとっても身近な存在

　元素が身のまわりにあるという知識があっても、どの元素が何に含まれているかを知っている人は少ないのではないでしょうか。今回の企画では、**よく知っている元素から、名前もほとんど聞いたことがないような元素まで、多くのものが生活の中で使われていることを確かめました。**
　炭素やフッ素のような聞き覚えのある元素がおにぎりや歯磨き粉に含まれていたり、リチウムやインジウムといったあまりなじみのない元素が電池や液晶モニタの欠かせない要素になっていたり……。元素と私たちの生活との結びつきを体感できました。亜鉛や鉄のように「金属」のイメージが強い元素が、私たちの健康を支えていることを知り、驚いた人も多かったのではないでしょうか。

もっと知りたい！

元素、原子、分子の違いは？

- QuizKnock Trivia -

　「酸素」というとき、それが酸素という元素を指しているのか、酸素原子を指しているのか、それとも酸素分子を指しているのかで大きな違いがあります。
　元素は、私たちの世界を作り上げている要素の「種類」。「水を構成する元素は酸素と水素」というときに主眼となるのは要素の種類であり、個数などは特に着目されません。**原子は、元素が存在できる最小の単位を指します。**1つ、2つと数えられるもので、それ以上バラバラにしてしまうと陽子や電子になってしまい、元素としての特徴を保てなくなります。**分子は決められた個数の原子からなる集合のこと。**酸素分子は酸素原子が2つ集まったもので、私たちが呼吸するときに必要なものです。
　元素、原子、分子といった言葉はまぎらわしく混乱しがちですが、**種類に着目していれば元素、一番小さい単位に着目していれば原子、意味のあるかたまりになっていれば分子、**という使い分けになっています。

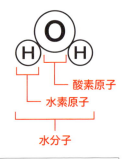

COLUMN #14

QuizKnock が読み解くこれからの科学 ②

theme3 — 学際化(がくさいか)

ナイスガイ須貝は、総合文化研究科に籍を置いています。「総合文化研究科って何をやっているところなの？」と思う人も多いのではないでしょうか。このように近年、「名前を聞いただけではどんな研究をしているかわからない学問」が増えています。これは、「学際化」が進んでいるから。学際とは、研究対象がいくつかの学問領域にまたがっていること。今風にいうなら「クロスオーバー」ですね。物理の知識を使って生命システムを理解しようとする「生物物理学」とか、経済学に物理学の理論を応用する「経済物理学」とかは、その好例です。

今後、学問のクロスオーバーはますます進むでしょう。実際、クロスオーバーな立場で活躍できる学者さんも増えています。いずれは、「理系」「文系」という分類も意味がなくなってしまうかもしれません。

theme4 — 科学の進化と人間の限界

ナイスガイ須貝がアメリカの物理学会に行った際、アメリカ在住の日本人研究者がこんな話をしてくれました。「学会に参加するので1週間休みますとボスに伝えたら、『この分野は1週間も待ってくれません』といわれたんだ」と。それだけ物理学の発展スピードが上がっているということです。

一方で、僕たち人間はどうでしょう？ 科学の世界は日々、進歩しています。上でお話ししたように、学問のクロスオーバーも進んでいます。ということは、学問を究めるために身につけなければならない知識も増えているわけです。さまざまな分野の知識を網羅して、実験を重ねて、それでようやく何かを新発見できるころには、いったい何歳になっているの？ と思ってしまいます。アイザック・ニュートンは22歳で万有引力の法則を発見していますが、その若さで新事実を発見するのは、現代ではちょっと難しい。ノーベル賞受賞者の高齢化が進んでいるのも、このあたりの事情が理由かもしれません。

SPECIAL

自由研究 &
QuizKnock Lab的
レポート術

　ここまではYouTube動画で紹介した「科学実験」を実際に行い、検証、解説を行ってきました。さあ、ここからは、皆さんの夏休みの課題にも役立つ4つの自由研究を紹介します。身近な道具を使って手軽に行えるものなので、ぜひとも参考にしてみてください。

　また、大学生だと科学実験を行った後は研究結果をレポートに起こす必要がありますよね。ここでは「QuizKnock的レポート術」をお教えしますので、こちらも参考にしてみてください。わかりやすく伝えて、知識をシェアするためのエッセンスを詰め込んでいます。

ご家庭にある材料で自由研究を行ってみましょう。実際に手を動かしてみることが大切だよ！

▶ P132〜

家族や友達と一緒にやれば
さらに楽しめます。
一度失敗しても、
次に活かせば大丈夫！

Quiz Knock Lab 的

レポート術 大公開

▶ P148〜

QuizKnock Lab的
レポートのまとめ方も
紹介します。
ナイスガイ須貝が
実際に作成した
レポートも必読です。

01 手回しポンプで水を汲み上げよう

水を低いところから高いところに汲み上げたいけれど、ポンプなんて持ってない！ ホースならあるけれど……。そんなとき、どんな方法が考えられるでしょう。

Q: ホースを使って水を汲み上げるためにはどうしたらいい？

- 01 ホースでらせんを作る
- 02 ホースに油を流し込む
- 03 ホースで勢いよく吸い込む

「どんなかたちにするといいんだろう」

[用意するもの]

ペットボトル　　ホース　　取っ手、細長い金属板
　　　　（ホースを固定するテープもあると便利）　（なくてもかまわない）

ふたにつけると…

A: 正解は

「01 ホースでらせんを作る」

でした。ペットボトルに
ホースを巻きつけて、
らせん状にしてみましょう。

＼ これが手回しポンプだ！ ／

ホースは
ホームセンター
などで購入
できます

[準備]

ペットボトルの底から上に向かってホースをらせん状に巻きつけます。

ところどころテープ（水に強いものがおすすめ）で固定しながら巻いて……

巻き終わりをテープで固定したら完成です！

[**やってみよう**]

こちらはペットボトルを2個つなげて作った須貝スペシャル！

水槽やボウルなどに水を入れます。今回はわかりやすいように色のついた水を用意しました。

取っ手がない場合は、ふたの部分を持って回せばOK！

ペットボトルを水槽に入れ、ホースの下の口を水につけます。この状態でペットボトルを回します。

汲み上げられた水を受け止める係です（笑）

汲み上げてるね

水が上ってきた～！

ペットボトルに巻きつけたホースに水が上がってきました。

[解説] INDEPENDENT RESEARCH

なぜ水が汲み上がるの？

水にも重力が働いているので、水はなるべく下のほうに落ちようとします。このため、ホースの中に入った水は常に下側1/3くらいにたまっています。この状態でホースを回転させたらどうなるでしょうか？

ポイントは螺旋構造です。水は基本的により低い方へ落下しているだけなのですが、螺旋構造のおかげで、上の段よりも下の段の方が高い位置にくることがあります。**そのため、局所的には落ちるだけなのに、全体的に見ると水は少しずつ上に昇っていく、ということが起こります**。その場では落下を繰り返しているので、まっすぐ汲み上げるよりも効率は悪いですが、螺旋を作るだけで汲み上げられるという利点があります。

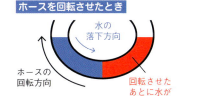

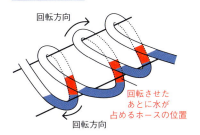

研究に役立つ ― *Keyword*

アルキメディアン・スクリュー

今回製作したような水を汲み上げるポンプの仕組みは、アルキメデスという人物が発明したといわれていて、そのため「**アルキメディアン・スクリュー**」と呼ばれています。アルキメデスは紀元前3世紀ごろの人物ですから、それが本当なら2000年以上も前にこの仕組みが発明されたことになります。それだけでも十分びっくりですが、さらに驚くべきことに、現在でも**水力発電や潜水艇**などに使われているんです。

Independent Research 自由研究

02 果物で電池が作れるってマジ!?

電池って何でできているのでしょう。「電気の池」と書くぐらいなので、きっと電気をためられる特別な素材でできている？ いえいえ、もっと身近なものでも電池は作れます！

Q. 電池を身近なもので作るには何を使ったらいい？

01 レモン
02 小麦粉
03 豚肉

電池に必要なのは……

[用意するもの]

レモン

豆電球

銅版

亜鉛版

※実験後のレモンには金属が溶け出しているので食べないでください。

正解は「01 レモン」でした。
それではレモンを使って電池を作り、豆電球が光るか実験してみましょう。

レモン電池

[準備]

レモンを半分に切り、銅板と亜鉛板を差します。

銅板と亜鉛板に導線をつなぎ、さらに導線と豆電球をつなげます。

ワニ口クリップ付き導線
（金属線）

LED

電気が流れているか測れる電圧計があれば使ってみましょう

[やってみよう]

1 レモン電池で豆電球は光るのか?

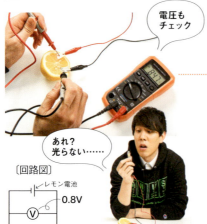

レモン電池1個では豆電球は光りませんでした。でも、電圧計で電圧を測ると電気は流れています。どうやら、豆電球を光らせるには電圧が弱いようです。

2 レモン電池を2つに増やしてみる

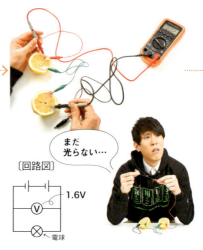

ということで、レモン電池を2個にしてみました。あれ? やはり光りません。電圧は足りているようなので電流が足りないのかもしれません。

[解説] INDEPENDENT RESEARCH

そもそも電池とは?

　電池は、電流を流すことで電気エネルギーを生み出します。電流とは電子の流れのことです。電池を作るには、電子が一方の極から、もう一方の極に流れる仕組みを作る必要があります。このときに重要なのが、極板として使われる金属の「イオン化傾向」です。イオン化傾向が高い金属は水溶液の中で陽イオンになりやすく、陽イオンになると電子が余ったような状態になります。そこで、イオン化傾向が異なる金属を導線でつなぐと、余った電子がもう片方の金属のほうに流れ、電流が発生します。

3 レモンを増やして豆電球を LED に変えてみる

まどろっこしいので、レモン電池を一気に4個増やして6個つなげてみました。さらに、豆電球を電圧が低くても光るLEDに変更。さあ、どうかな……？ やったー！ つきました！

[回路図]

[解説] INDEPENDENT RESEARCH

なぜレモンが電池になるの？

ただ、イオン化傾向の高い金属を水につけただけでは、陽イオンにはなりません。では、どうすればいいのか。**イオン化傾向が高い金属を陽イオンにする一番簡単な方法は、その金属を酸に溶かすことです。**そう、だから今回の実験では「レモン」を使ったんです。レモンの果汁は酸性で、金属をある程度は溶かす力があります。今回の実験では、銅よりイオン化傾向の高い亜鉛がレモンの中で溶け、そこで余った電子が銅のほうに流れることで、電流が発生したというわけです。

03 浮き沈みする魚の謎を解け!

　ペットボトルに水と魚のかたちをしたしょう油差しが入っています。このしょう油差し、「タレビン」という名前だそうです。知っていましたか？　今回は、このタレビンを使って実験を行います。

 ペットボトルの中に浮かぶタレビン。これを沈めるためにはどうしたらいい？

01　ボトルを逆さまにする
02　ボトルを温める
03　ボトルを握る

「どれも正解っぽいけど……」

[用意するもの]

ペットボトル　　タレビン　　ナット
　　　　　　　　　　　　　（M6サイズ）

「ペットボトルは炭酸飲料で円柱のものがおすすめ！」

: 正解は

「03 ボトルを握る」でした。
実際にやってみると……
沈みましたね。
それでは早速、
握るだけで浮き沈みする
このおもちゃを
作ってみましょう。

[準備]

動きがわかりやすいよう、タレビンに色を塗ります。タレビンのふたを外し、口の部分にナットをはめます。

タレビンに水を適量吸わせて、タレビンを水に沈めます。タレビン内の水の量を調整して、2つのタレビンを別々の重さにしてください。

完全に底につかないように調整して

[やってみよう]

ペットボトルいっぱいに水を注ぎます。タレビンを投入して、ペットボトルのふたを閉めます。ペットボトルを持つ手に力を入れると……？

ギュッ

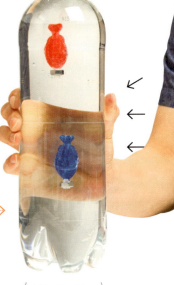
沈んだ！

こんな遊び方も……

① 紙留めクリップを広げ、クリップ内側の先端をタレビンの口に差し込みます（釣り針のイメージです）。
② 水を注いだペットボトルに①とクリップ数個を入れます。
③ ペットボトルを握ってタレビンを沈め、底に沈んだクリップを釣り上げます。

> タレビンにだんだん愛着がわいてきた。かわいいなあ……

> これ、すごく難しいんだけど

[解説] INDEPENDENT RESEARCH

なぜ魚が浮き沈みするのか？

閉じ込めた空気は押しつぶせますが、水は押しつぶせません。今回の実験では、タレビン内には空気があり、そのまわりは水で満たされていました。この状態でペットボトルを握ると、**水はほとんど圧縮されずにその圧力はタレビンに伝わります。その結果、タレビンの中の空気が圧縮されました。**

浮力は物体が押しのけた水の体積で決まります。タレビン内の空気が圧縮されると、**タレビンが押しのける水の体積が小さくなり、浮力も小さくなります。だから、タレビンが沈んだのです。**そして、手を離したときには逆の現象が起き、浮き上がったのです。

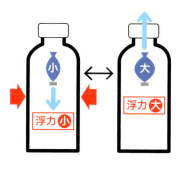

自由研究 03

ナットの重さとタレビンに入れる水の量のバランスが大切です。ペットボトルを握ってもタレビンが沈まないときは、タレビンに水を多めに入れてみてください。握力に自信がある人は、水なしでもできちゃうかも？

研究に役立つ Keyword

浮沈子（ふちんし）

このおもちゃのことを「浮沈子」と呼びます。浮沈子の実験では魚のかたちのタレビンがよく使われますが、最初に考えたのは誰なんでしょうね？

浮力

今回の実験は浮力を利用しています。浮力の話は実験7（63〜69ページ）でも出てきましたね。せっかくなので、復習がてらもう1回読んでおきましょう！

Independent 自由研究 Research

04 須貝思い出の品……潜望鏡を作ろう

自由研究の最後はスペシャルバージョン！　ナイスガイ須貝が実際に小学生のときに作って賞をもらった工作を紹介します。大人の皆さんは、ぜひ童心に返ってチャレンジしてみてくださいね。

その名も上見鶏（うえみどり）

須貝少年の思い出

小学4年生のとき、潜水艦から海上を観察する「潜望鏡」の仕組みに興味を持ちました。調べてみると意外と簡単な仕組みだったので、当時の僕は作ってみることにしたのです。父に鏡を割ってもらって、それを使ったのを覚えています。

牛乳パックだと味気ないなと思い、緑の画用紙を貼りつけてみたところ、まるで鳥のよう。そこで羽を生やし、風見鶏ならぬ「上見鶏」と名づけました。夏休みの自由研究として提出したら、学年の優秀賞に選ばれて、地元のスーパーマーケットや市役所で展示されたのがうれしかったです。

[用意するもの]

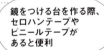
鏡をつける台を作る際、セロハンテープやビニールテープがあると便利

牛乳パック
（3個）

手鏡
（2枚）

100円ショップなどで売っているタテ8cm×ヨコ5cm程度の小さな手鏡

カッター　　ハサミ

[準備]

1 上見鶏の胴体を作る

※ここでは、手順がわかりやすいように胴体部分の1本だけジュースのパックを使っています。

① ジュースのパックの側面上部に、牛乳パックの底と同じ大きさの穴を開けます。牛乳パックの底を当て、切る範囲に印をつけておきましょう。

② ①でつけた印に沿って、カッターで切ります。手を切らないように注意！ 切り取った紙片は後で使うのでとっておいてください。

③ ②とは反対の側面の下部にも、牛乳パックの底と同じ大きさの穴を開けましょう。これで上見鶏の胴体の部分ができました！

2 上見鶏の頭と尾の部分を作る

このかたちが2つ

④ 牛乳パックは、まず、屋根（注ぎ口）の部分と底を切り取ります。牛乳パックは2本とも屋根と底を切り取ってください。

⑤ 屋根と底を切り取ったら、①と同じように、2本とも側面の上部に底と同じ大きさの穴を開けます。反対の側面の下部は切らなくてOKです。

これで上見鶏のパーツができました！

3 頭と尾に鏡を取りつける

⑥ 切り取ったパックの紙片の先端を、鏡の裏にテープなどで貼ります。この紙片が鏡の台座になります。鏡を45度の角度で立てます。

⑦ 牛乳パックに⑥の鏡を設置します。⑤で穴を開けた部分に対して、鏡が45度になるように取りつけるのがポイントです。

⑧ 鏡の角度がうまく定まらない場合は、牛乳パックの側面と鏡の裏に紙片やテープを貼って支えとし、角度を調整してください。

4 上見鶏を組み立てる

できあがり!

⑨ 牛乳パックをジュースのパックの下部にはめます。牛乳パックの側面上部の開口部を、ジュースのパックの屋根側に向けます。

⑩ もう1本の牛乳パックをジュースのパックの上部にはめます。牛乳パックの側面上部の開口部を、ジュースパックの底に向けます。

これで完成です! どうですか? 鶏に見えますか?

[やってみよう]

上見鶏をのぞいてみよう

見える!

見えない場合は鏡の角度を調整しよう

さあ、上見鶏をのぞいてみましょう。何が見えるかな……?

上見鶏を反対からのぞくとあら不思議! ナイスガイ須貝のつぶらな瞳がこんにちは!

[解説] INDEPENDENT RESEARCH

どういう仕組みになってるの？

仕組みはいたってシンプル。鏡で光の道筋を曲げています。光は直進する性質があり、反射できる場所に来ると入ってきた角度と同じ角度で出ていきます。**「入射角と反射角は等しい」という法則**です。

今回は光を90度曲げたいので鏡を45度の角度で設置。右の図のように光が曲げられて目に届いたから、景色が見えたわけです。鏡を使っているのに、左右反転していないのもポイント。**2枚の鏡を使っているので、反対の反対はそのまま**、ということですね。

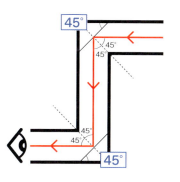

ちなみに僕はこのとき、鏡について調べたことをまとめて画用紙に描いたものを提出しました。鏡の作り方や光の性質を調べるのはなかなか楽しかったですよ。

研究に役立つ ― *Keyword*

潜望鏡

今回作った道具を潜望鏡と呼びます。「のぞいても筒の角が見えるだけでは？」と思ってしまうような形状なのに、景色が見えるのだから不思議です。なお、潜望鏡は英語でperiscope（ペリスコープ）。Twitter社が作っているライブ配信アプリもPeriscope。Twitterは鳥のマーク。上見鶏との共通点を感じます（？）。

鏡

皆さんご存じ、光を反射する道具です。ふだん目にする鏡は、光を反射する金属をガラスに貼りつけたものがほとんど。ところで、金属が光を反射するのは、自由電子のプラズマ周波数が可視光の周波数をはるかに超えているためだとか。「プラズマ周波数？」「自由電子？」など、意味が気になったら調べてみてください！

Quiz Knock Lab

的 レポート術 大公開

　大学に入ると、科学的な知識を増やしていく手順を学ぶために、しばしばレポート課題を出されます。そこで、実験レポートの書き方のエッセンスを皆さんにお伝えしましょう。レポートの書き方には決まった型がありますから、どんなふうに書けばいいんだろうなんて悩まず、まずはマネしてみて、もっと大事な部分（たとえば実験の内容）に頭を使いましょう！

科学実験は4つの手順でできている

　ここまで読んでくれた読者の皆さんなら、そろそろ自分でやってみたい実験を思いついているのではないですか？　「あれをやってみたい」「これをやってみたい」と思ったときに、「じゃあどうやったらいいの？」という疑問を解消してくれるのが、あなたがこれまで学んできた科学の知識です。

　科学実験は、ものすごくざっくりいうと

「ひらめき」⇒「実験」⇒「考察」⇒「報告」

　という手順で成り立っています。あらかじめ科学の知識を持っていれば、ひらめきから実験までの距離がぐっと縮まります。大きな発見をした偉大な科学者たちは、「ひらめきの天才」だっただけではなく、先人の知識をたくさん学んできたおかげで、ひらめきを実行に移し、ただの「思いつき」を「知識」に変えていくことができたのです。この本がわずかでも、**「ひらめき」から「実験」までの距離を縮められるように皆さんに貢献**できたら、この本の目的は達成されたことになります。

実験をしたら誰かに伝えることが大切

　科学実験を4つの手順に分けて紹介しましたが、実験をした時点ではまだ2つ目のところ。つまり学問的にはまだ何も達成されていないのと同じです。あなたが画期的な実験を思いついて、見事成功したらどうしますか？　もちろんその結果を人に伝えますよね。**あなたの「ひらめき」は、実験の後で「考察」⇒「報告」という手順を踏んで、ようやく「知識」になります**。

　しかし、「私は○○に成功した！」とほかの人に伝えるだけでいいでしょうか。こんなことをいわれたらどうしますか？

「それって本当なの？」
「今ここで実際にやってみせてよ」
「それになんの意味があるの？」

　科学的な知識はみんなが共有できるものでなくてはなりません。だから、同じことをもう一度やってみせることができる**「再現性」**が必要です。
　そして多くの場合、科学的な知識には、何らかの**「意義」**が求められます。これまでできなかったことができるようになったり、今まで苦労してやっていたことがもっと簡単にできるようになったり。あなたの実験結果の中に、どんな意義が備わっているのか。それがこれまで蓄積されてきた科学的な知識と合わさったときに、どんな強みを発揮するのか。実験の成果が持つ「意義」について考察し、「再現性」も含めてきっちりと報告することで、ようやくそれは**科学的な知識として認められる権利を持つ**のです。それでは、報告の手順をご説明しましょう。

> 科学実験のレポートは大きく5つの部分に分けられると考えられ、それぞれがレポートの中で重要な役割を果たしています。そこで5つの部分の役割とそこに書くべき内容について、これから紹介していきます。

1 Introduction 〈導入〉
インスピレーションはどこからきた？

　自由研究のまとめや大学のレポートで、はじめにくるのが導入部。これから書くことが、
- **どんな歴史を持っていて、**
- **どんな経緯であなたがそれを知り、**
- **あなたがそれの何に興味を持って、**
- **そしてこれによって何が明らかになるのか、**

を書きます。手短にいえば、「どうしてこれを調べようと思ったのか」を書くところです。テレビで見たのか、授業で聞いたのか、インターネットで発見したのか。それを書きつつ、それについて昔の人が調べていたことなどを紹介します。「以前に調べられていた結果のここが疑問だ」「ここがおかしいと思ったから調べようと思った」ということも書きます。「ここまでは調べられていたけれど、自分はさらにこれを付け加えて調べようと思った」ということも書いてよいでしょう。
　ちなみに、**レポートは最初から順に書きたくなりますが、ここを書くのは後回し。**自分のやりたいことをわかってもらうための紹介の場所なので、みんなが何を知っていて何を知らないのかを調べてから書くことになり、一番パワーを使います。

これから書いていく実験の軽い紹介も含みますから、**ほかの部分が書き上がってから**のほうがよいのです。

> この本でいえば、それぞれの実験ページの前のクイズ部分です。歴史などには触れていませんが、皆さんに興味を持ってもらい、その次のページを読み進めてもらえるように作ることを心がけました。

2 Method〈方法〉
ほかの人が同じ実験をできるように

自分が実験したり調べたりしたことを、その方法も含めて丁寧に書いていく部分です。「再現性」を読者にアピールするため、使った道具のメーカーや型番、写真、材料の種類や量、協力してもらった人数、どんな人たちなのかなど、細かく書きましょう。注意するべきは「何も知らない人が見て自分と同じ実験ができるかどうか」です。どこまで想像すればいいのか難しいと思う人は**「実験をやる前の自分に見せて困らずに準備できるか」**という部分を意識します。自分がそれを見て同じ実験を再現できなかったら、あまりいいレポートではありません。

この本でいうと、実験の準備品から手順のページに当たります。ここで述べた基準からすれば、この本のMethodに当たる部分は不十分かもしれません。レポートとして提出したり、論文でまとめたりする際には、この本よりも厳密に書く必要があります。**「マネをすれば絶対に同じことが起こる」**というのが科学の営みの本質です。

3 Result〈結果〉
結果は定量的に

実験をして得られた結果は**しっかり数字を使って示しましょう**。グラフや表にするのもよい作戦です。どんなグラフや表を使うと、数値をわかりやすく伝えることができるかを考えるのも大事です。

逆にいえば、実験をするときから、どの数字やグラフをレポートに書くのか意識しながら準備をする必要がある、ということです。何を調べたかったのか、実際にやってみて何がわかったのかが明確に伝わるような実験結果のページを心がけましょう。

お互いによくわかった人同士、つまり専門家同士が見たら**結果と次の考察のパートだけで、その人のいいたいことが全部わかる**のが理想です。

4 Discussion 〖考察〗
考察は定性的に

　レポートにおいて最も重要な部分です。このパートを書くためにすべての準備をしてきた、といってもよいでしょう。実験をやってわかったこと、特に<u>**「結果のページに載せた数字から、このような性質がわかった」**</u>ということがはっきりと伝わるように書きましょう。定性的というのは性質に着目するという意味です。

　たとえば、氷を温め続ける実験をしたとき、ある時間帯に温度がまったく上がらなかったというグラフ（定量的な指標）から、「ここに何か熱を奪い取るような仕組みがあると考えられる」ということを書くのが定性的な議論です。さらに奪い取られた熱を定量的に測定できれば、水と氷の融解熱（潜熱）についてのレポートができあがります。

　実験から<u>**わかったことに加えて、わからなかったことも添えておくとよいでしょう**</u>。誰かがこれを読んでその続きをやってくれるかも!?　学術的な報告は、リレーでいうバトンパス。あなたの次に同じ研究をする人に、うまくバトンを渡せるのかどうか、それがこの考察パートにかかっています。

5 Summary 〖要約〗
まとめだけ読んでわかるように

　最後はまとめです。**何をやって何がわかったのか**、一言で書けるといいですね。ここまでに4つの項目があるため、多くの情報が登場しています。誰かに自分の発見を伝えたいのがレポートですから、最後に整理してまとめておくのは大事なことです。

　ちなみに論文を読むとき、「まとめ」を先に読むことがあります。論文は「まとめ」の部分にすべての情報が圧縮されるものですから、ここだけを読んだとしても内容がしっかりと伝わるのが理想です。

> **導入、方法、結果、考察、要約**の5つに分けて自分のいいたいことを丁寧に説明していけばレポートは完成です。皆さんはもうお気づきかもしれませんが、このレポート術のページも導入、内容、要約になっています！ 実験をしたというよりは知識をみんなとシェア、という構成なので結果と考察がありませんが、どんな書き物もこの構成を意識すれば読みやすく、伝わりやすくなることでしょう！

02 (136〜139ページ) を実際にレポートにまとめてみました！

導入、方法、結果、考察、要約の5つの要素を具体的にどうまとめたらよいのかがわかると思います。ぜひとも、参考にしてみてください。

レモン電池から取り出せる電流で駆動するデバイスの探索

須貝駿貴

2019年6月7日

1 Introduction

レモン電池を用いた実験は様々なものが知られている。中でもレモン電池を電源として豆電球を光らせる、という実験は電池の作用をわかりやすく視覚化することから重要である。

一方で、レモン電池で豆電球が光るのかというのは注意深く調べられなければならない。レモン電池が生じる電圧及び電流が豆電球を光らせるに足ることは自明ではなく、多くの本、ネット記事でレモン電池を直列、または、並列に接続し、電球が光ることを定性的に示すに留まっている。

本研究では実際にレモン電池を作成した上でその電流、電圧値を測定し、いくつのレモンがあれば豆電球が光るのかを調べるものである。

2 Method

本研究で電池として用いたのはレモン、銅板、亜鉛板、ワニ口クリップ付きの導線である。

レモンは二等分にし、断面の側から斜めに銅板と亜鉛板を差し込んだ。斜めに差し込んだのは垂直に刺した場合よりもレモンとの接触面積を増やすためである。これにより、レモンが金属を溶かす面積が広がり、より大きな電流を取り出すことが期待できる。

3 Result and Discussion

3.1 豆電球

まずは豆電球にレモン電池を接続した。定格電圧は 1.5 V で、定格電流は 300 mA である。これは全く発光することがなかった。発光しない理由として、

- 電圧が足りていない
- 電流が足りていない

のどちらかが原因として考えられる。

そこでテスターを用いてこの電池の出力電圧と出力電流を測定することにした。

電圧はレモン半個と銅板、亜鉛板がそれぞれ1枚ずつでおよそ 0.8 V の出力が得られていた。このレモン電池を2個直列に繋げば定格電圧に達し、電球は発光することが期待される。しかし、2個繋いでも発光することはなかった。

そこで電流を測定したところ、この電池が出力する電流はわずかに $200\mu A$ であった。豆電球の定格電流は 300mA であるのでおよそ 1/1000 である。したがって、このレモン電池で豆電球を発光させられない原因は出力電流が定格電流に満たないことによるものだった。

原理的には2個直列につないだものをおよそ1000個用意し、それを並列に繋げばこの豆電球を光らせることはできそうである。しかし、これは今回の実験では現実的ではない。

そこで、発光させるデバイスを変更することを考え、LED (Light-Emitting Diode; 発光ダイオード) を用いることにした。

3.2 LED

LED は定格電流が小さいことが特徴の1つである。ダイオードであるため、電圧が一定値を超えないとまったく電流を流さないが、今回のレモン電池では電圧が担保できているため、むしろ有利である。

今回は赤色 LED を用いることにした。赤色系は定格電圧が 2.2V で、青色系よりも低い。レモン電池だと 3 つを直列に接続したものでちょうどよい。この LED の定格電流は 20mA である。実際に接続した写真が以下の通りである。

弱いながらも赤色の光が灯っていることがわかる。定格電流の 1/100 程度の出力ではあるが、点灯はさせられることがわかった。

また、これを並列に接続すれば定格電流の 1/50 まで電流を増やすことができ、より明るくなることができる。実際に接続したものが以下の通りである。これを見るとより明るくなっていることがわかる。

したがって、レモン電池での発光デバイスの点灯は豆電球では無理があるが、LED であれば可能であることがわかった。

4 Summary

本研究ではレモン電池を実際に作成し、定量的な測定を行った。レモン半個と銅板、亜鉛板から生じる電圧はおよそ 0.8 V であり、レモン電池を 2 つ直列に接続すれば小さな豆電球を光らせうる電圧を得られることがわかった。しかし、生じる電流はおよそ 200μA であり、電球を光らせることのできる定格電流の 1000 分の 1 程度の電流しか得られないこともわかった。

一方、発光デバイスとして LED を用いれば、その必要電流の少なさからレモン電池を 3 つ直列繋ぎしたものを 2 つ並列に繋げば、ある程度の光を得られることがわかり、LED の省電力性能を改めて実証することになった。LED には数 mA で点灯させられるものもあるので、それを選べばより明るい光が得られると期待できる。

2

**皆さんも科学実験をレポートにまとめてみてね！
わかりやすく伝えて、知識をみんなとシェアしましょう。**

QuizKnock Lab 座談会
[メンバー5人のサイエンスカフェ]

QuizKnock Labが生まれたきっかけは？ ナイスガイ須貝ってどんな人？ メンバーが今気になっている科学ニュースは？ などなど、QuizKnock Labのメンバーにざっくばらんにお話しいただきました。

Name 福良拳　Name 山本祥彰　Name 須貝駿貴　Name こうちゃん　Name 伊沢拓司

——まずはQuizKnock Labをはじめたきっかけと、動画ができるまでの流れを教えてください。

須貝：QuizKnock Labを始めた理由は大きく2つあります。一つは、動画としてもっと面白いコンテンツはないかと考えていたから。QuizKnockはこれまでもYouTubeで動画を配信してきたんですが、クイズものが多いのでどうしても似たような絵面になってしまいます。実験動画なら、もっと動きをつけられるだろうと思ったんです。もう一つは、教育分野で貢献できるようなことをやりたいという想いから。人が何かを学ぶうえで、アクティブラーニングはとても重要だと思うんです。「動画としての面白さ」と「アクティブラーニング」、この2つを満たすものが科学実験だったというわけです。

伊沢：科学実験をテーマにしているのは、須貝さんの存在も大きいよね。科学分野における理解と知識という点において、須貝さんは若手YouTuberの中で抜きんでていると思うので。

福良：だから、QuizKnock Labは基本的には、須貝さんが企画から構成まで考えてプロデュースしています。

須貝：たとえば「光るそば*1」は、CMがきっかけで思いついた企画です。「光るそば〜♪」というフレーズは耳にす

*1 QuizKnockチャンネル【理系】引っ越ししたら光る〜そば〜【クッキング】（本書23〜29ページ） *2【パ王】炎ワープ選手権！炎のテレポーテーションを最もできるのは？（本書79〜85ページ） *3 色の失われた世界でルービックキューブやったら激ムズだった【最後に大事なお知らせ】（本書55〜61ページ）

ごく残るけど、意味がわからないですよね。ただ、それを聞いたとき、「そばを光らせることくらい絶対にできるはず」という確信のようなものがありました。そこで、光る食品について調べているうちに、ブラックライトを照らすと光る食品があるということがわかって。そのあたりの知識を盛り込みながら台本を作って、最終的にはああいう形の動画になりました。

こうちゃん：「光るそば」は、制作に時間がかかっています。台本を作って撮影するまで1か月くらい、動画を撮りはじめてからクランクアップするまでは確か3時間はかかってます。

山本：**視覚的なわかりやすさには特にこだわっている**ので、実験の内容にもよりますが、撮影や編集にはけっこう時間がかかっていますね。

伊沢：あとは、「**動画を見てくれた人が実際にできる」という再現性も大切にしています**。派手に見せることよりも、科学的な裏付けがきちんとあることのほうが大切で、それがQuizKnock Labの存在意義だと思うから。

須貝：そうだね。一方で、「みんながなかなかできないこと」にも、いずれは挑戦していきたいなと思っています。

こうちゃん：**視聴者の皆さんがなかなかできないことをやるのが、YouTuberの仕事でもあるしね。**

——これまでの実験で特に印象に残っているものはありますか？

山本：「パ王*2」。あれは本当に意味がわからなかった（笑）。

こうちゃん：僕もパ王。ロウソクの火をワープさせるというテーマなんですけど、撮影前の練習ではみんなうまくいったんだよね。それなのに、「今から火をワープさせるうまさを競います！」となった途端、誰もできなくて。本当に面白かったです。

福良：僕は「ナトリウムランプでルービックキューブ*3」が好きですね。

伊沢：**ナトリウムランプを使うというアイデアは、ほかのYouTuberからはなかなか出てこないと思うし、さらにそれを実際に借りてしまうところに、QuizKnockらしさが出たと思います。**

須貝：ほかのYouTuberさんが「遊戯王

"パイロキネシスの王"を略して「パ王」。再生回数は33万回を突破！

カード100パック一気に買っちゃいました」「巨大なチャーハンの食品サンプル借りてみました」とかやるところを、僕らはナトリウムランプっていう。
こうちゃん：しかもめちゃくちゃ面白かった。詳しくは動画を見てほしいんですけど、ルービックキューブがまったくそろわない（笑）。
山本：「水早出し*4」で、視聴者の皆さんがコメント欄にアイデアをたくさん書いてくれたのもうれしかった！
福良：本当にそう。視聴者から、「ペットボトルのように変形させられるものであれば手で押しつぶしたほうが早いけれど、一升瓶のように変形しないものでやれば、渦を作ったほうが早いはず」というコメントをいただいたんです。動画を制作するにあたって「水をどうやって早く出すか」については考えたけど、水を入れる容器そのものを変えるという発想はなかったので、あのコメントは目からウロコでした。
須貝：コメント欄のありがたさを感じたよね。これからも視聴者の皆さんと

コメント欄はいつも楽しく読んでます！

インタラクティブにやりとりしながら、QuizKnock Labをよりパワーアップさせていきたいです。

——QuizKnock Labでは須貝さんが進行役を務めています。「ナイスガイ須貝はどんな人なの？」と思っている視聴者の方もいると思うのですが。
須貝：僕は東大の総合文化研究科で超伝導の研究をしています。超伝導というのは、物体をマイナス270度くらいまで冷やしたときに、電気が無限に流れる状態になる現象のこと。超伝導と磁場には密接な関わりがあって、そのあたりの研究をしているといったらいいのかな。ちなみに超伝導と磁場の関係は、MRIやリニアモーターカーの技術にも応用されています。
福良：科学の研究というと、実験をして社会に役立つ素材を開発するようなイメージが強いかもしれませんが、須貝さんが研究しているのはもっと原理的な部分。どちらかといえば、数学者に近いイメージかもしれません。

「水早出し」もめっちゃ笑ったな

QuizKnock Lab 座談会

*4　QuizKnockチャンネル【東大越えた】視聴者のアイディアでヤバいスピードが出たww水早出し選手権！【リベンジ】（本書33〜37ページ）　*5　ブラックホールそのものは目に見えないので、「ブラックホールの影の撮影に成功した」というのが本当のところ。

こうちゃん：須貝さんが理科というか科学に目覚めたきっかけは？

須貝：親が理科の先生なんです。子ども科学図鑑とか、マンガの理科本みたいなのが家にそろっていて、自然と興味を持つようになりました。

伊沢：子どもなら誰もが持っている知的好奇心の対象が、須貝さんの場合はベイブレードではなく理科だったと。

須貝：ベイブレードもやってたよ。僕が子どものころは磁石つきのベイブレードが流行っていて、N極とS極のどちらが強いか調べたりしていました。

福良：須貝さんらしい（笑）。ベイブレードに限らず、筋トレとかも科学的というか、理論重視ですよね。

こうちゃん：QuizKnockのメンバーにはそもそも理論派が多いけど、なかでも須貝さんは徹底した理論派というか。

福良：「足の筋肉をつけるにはスクワットがいい」と聞いたら、一般的には「じゃあスクワットを30回やろっ」という話になりますよね。でも、須貝さんは違う。スクワットが効く筋肉の部位はもちろん、最も効率的なフォーム、スピード、回数など、そういう理論の部分を徹底的に考えてからやる人。

山本：僕も含めて多くの人は、「スクワットで筋肉がついた。だから、スクワットを続ける」となりますよね。まずはスクワットをするという行為があって、筋肉がつくという結果が得られたから、スクワットを続けると思うんです。**でも須貝さんの場合は、行為の前にまず理論がある。**

福良：あとは、「もう無理だ」と途中でやめたりしない。「科学的に考えて実行すれば必ずできる」と信じて、絶対にあきらめないところがすごい。

須貝：そうかもしれない。なんというか**「ほかの人にできることなら自分にもできるはず」という、根拠のない自信があります。**

伊沢：そこが須貝さんのすごさだと思います。**須貝さんを見ていると、研究者の研究者たるゆえんがわかる気がするんです。**「自分には絶対にできるはず」と信じて、とことん考え抜いて、自分自身を追い詰める姿勢が、研究者には必要なんだなあと感じます。

——平成から令和になった今、気になっている科学ニュースはありますか？

福良：ブラックホールが撮影されたこと！　そもそもブラックホールは目に見えないものだから「ブラックホールが見えた」「撮影に成功」という表現には矛盾があるわけ*5です。最初はそこが気になって、自分なりに理解するためにたくさん調べましたね。

こうちゃん：僕は堀江貴文さんのロケット。堀江さんは文系の人なんですよね。文系出身で科学的な事業にチャレンジして成功されているのは、同じ文系出身の僕としてはうれしいですね。

伊沢：磁気を感じ取る「磁覚」が、人間の脳にもあることが発見されたニュースが、最近の一番かな。鳥をはじめとする一部の動物は磁覚を持っていることがわかっていて、渡り鳥が遠く離れた距離を迷わずに移動できるのも磁覚のおかげ。この磁覚が人間にもあることがわかったんだけど、人間はまったく使えていないらしくて。使えない能力が脳に眠っているのもすごいし、同時に、「なんらかの方法で眠っている能力を掘り起こせるんじゃないか？」と想像するとワクワクします。

山本：磁覚ってあったほうが便利だと思うんだけど、なんで退化したのかな。

須貝：目だと思う。目の機能が強すぎるから磁覚が退化したんじゃないかな。

一同：なるほど！

須貝：僕は、5月20日に**国際単位系（SI）*6が再定義された**ことですね。キログラム原器*7が終わる瞬間に立ち会えたのは本当にうれしい。これは、平成が令和に変わるような大きな節目です。

山本：メートル原器はとっくに廃止されているのに、キログラム原器はずっと現役だったんですよね。

須貝：今回の再定義で、1kgは「プランク定数」という物理学の定数で定義されることになりました。これの何がすごいかというと、質量の測定精度が跳ね上がったんですよね。**測量に高い精度が求められる科学において、これは本当に大改革なんです。**

山本：僕はAI系の進化かな。顔認証の精度もどんどん上がっているし、リアルタイムで顔を加工できるアプリもあります。運転中の眠気対策にも使われはじめていますよね。AIは今後も、セキュリティ、娯楽といったさまざまな分野で社会に大きな変化をもたらすと思うので、その進化は興味深いです。

伊沢：今後も科学の分野は飛躍的に発展していくと思うので、今は本当に面白い時代だなと思います。

——最後に、読者の皆さんへのメッセージをお願いします。

須貝：「科学は難しい」「自分には関係ない」と思っている人も多いかもしれません。でもね、**科学は皆さんのもの。**

> 人間が磁覚を使えたら、道に迷わずにすみそう

QuizKnock Lab 座談会

*6 国際的に用いられる単位の体系。現在、7種類の基本単位が規定されている。 *7 世界に一つしかない分銅「国際キログラム原器」のこと。これまでは、「1kg＝国際キログラム原器の質量」と定義されていた。

読み返すたびに新しい発見がある。そんな本をめざしました！

白衣を着た学者や、学校の先生だけのものではないんです。 栄養ドリンクにブラックライトを当てるような、誰でも、いつでも、すぐにできるような実験も立派な科学。**「面白い」「楽しい」と思えるものが理科であり、科学なんです。** 本書を読んで、それを体感してもらえたらと思っています。

伊沢：「科学の本」ということでかまえたりせず、気楽に手に取ってもらいたいですね。そして、**この本を通して、「科学って面白いかも」と感じてくれたら、作った甲斐があります。**

こうちゃん：QuizKnockのメンバーには僕みたいな文系もいるので、動画もこの本も、理系文系問わずに楽しんでもらえるように作っているつもりです。

山本：だから、**理系じゃない人にも、科学が身近であることを実感してもらえたらいいなと思っています。**

須貝：最初から最後まで順番に読まなくてもいいし、100％理解できなくてもいいと思うんだよね。

福良：確かに。いつか、何かのタイミングで、「そういえば『QuizKnock Lab』の本に書いてあったな」と思い出してもう1回読んでみたら、以前よりも理解できた……。そんな学び方も全然ありだし、そういう使い方ができる本に仕上がっていると思います。

須貝：それでもわからない点があったら、ぜひネットや本で調べてみてください。思いがけない発見がたくさんあるはずです。**この本が、皆さんの「知りたい」「面白そう」という気持ちのスタート地点になってくれれば、僕たちはとてもうれしいです。**

皆さんの感想も待ってます！

この本を読めば、ナイスガイ須貝の「ものの見方」を疑似体験できるかも？

須貝駿貴（すがい しゅんき）
東京大学教養学部卒、東京大学大学院総合文化研究科在籍。専門は物性理論（超伝導）。日本物理学会の「学生優秀発表賞」を受賞するなどの実績がある。一方で東大卒クイズ王・伊沢拓司が編集長を務めるWebメディア&YouTubeチャンネル「QuizKnock」のメンバーとしても活躍。「ナイスガイの須貝」として人気を博す。"科学をより身近に楽しく"をモットーにした科学実験動画「QuizKnock Lab」のリーダーとして、企画・プロデュースに携わっている。
🐦 @Sugai_Shunki
QuizKnock https://quizknock.com/

東大流！ 本気の自由研究で新発見

QuizKnock Lab

2019年7月18日 初版発行
2019年8月5日 再版発行

著者／須貝 駿貴

発行者／川金 正法

発行／株式会社KADOKAWA
〒102-8177 東京都千代田区富士見2-13-3
電話 0570-002-301(ナビダイヤル)

印刷所／凸版印刷株式会社

本書の無断複製（コピー、スキャン、デジタル化等）並びに
無断複製物の譲渡及び配信は、著作権法上での例外を除き禁じられています。
また、本書を代行業者などの第三者に依頼して複製する行為は、
たとえ個人や家庭内での利用であっても一切認められておりません。

●お問い合わせ
https://www.kadokawa.co.jp/（「お問い合わせ」へお進みください）
※内容によっては、お答えできない場合があります。
※サポートは日本国内のみとさせていただきます。
※Japanese text only

定価はカバーに表示してあります。

©Shunki Sugai 2019 Printed in Japan
ISBN 978-4-04-065890-2 C0095